AF366058

Chambre de Commerce de Metz

MÉMOIRE ET DOCUMENTS A L'APPUI

SUR LE

PROJET DE CHEMIN DE FER

DE

COCHEREN A HAGUENAU ET AU RHIN

PAR SARREGUEMINES ET NIEDERBRONN

ET SUR LE

PROJET DE CANAL DES HOUILLÈRES

METZ

F. BLANC, IMPRIMEUR DE LA CHAMBRE DE COMMERCE

1858

MÉMOIRE

DE LA

CHAMBRE DE COMMERCE DE METZ

ET

DOCUMENTS A L'APPUI

SUR LE

PROJET DE CHEMIN DE FER

DE

COCHEREN A HAGUENAU ET AU RHIN

PAR SARREGUEMINES ET NIEDERBRONN

ET SUR LE

PROJET DE CANAL DES HOUILLÈRES

METZ

F. BLANC, IMPRIMEUR DE LA CHAMBRE DE COMMERCE

1858

MÉMOIRE ET DOCUMENTS A L'APPUI

SUR LE

PROJET DE CHEMIN DE FER

DE

COCHEREN A HAGUENAU ET AU RHIN

PAR SARREGUEMINES ET NIEDERBRONN

ET SUR LE

PROJET DE CANAL DES HOUILLÈRES.

Lorsque, dans notre adresse à S. M. l'Empereur, le 29 septembre dernier, nous exprimions le vœu que le prolongement vers Strasbourg, du chemin de fer de Sedan à Thionville fût dirigé, à travers le bassin houiller de la Moselle, sur Sarreguemines, Bitche et Niederbronn, pour se souder à la ligne de l'Est, à Haguenau; lorsqu'en même temps nous demandions l'exécution du canal de la Sarre, nous ne pouvions indiquer que très-sommairement les principaux motifs sur lesquels nous fondions notre demande. Nous ne pouvions pas surtout combattre les raisons qui avaient déterminé la Chambre de Commerce de Nancy et le Conseil général de la Meurthe à abandonner subitement le projet du canal dont ils avaient, pendant de longues années, demandé comme nous l'exécution, pour lui substituer celui d'un chemin de fer de Cocheren à Sarrebourg; car nous ignorions complétement les motifs qui avaient amené chez nos voisins ce brusque changement d'opinion.

C'est seulement depuis cette époque que nous avons pu nous procurer un exemplaire d'une brochure publiée par les soins de M. le Préfet de la Meurthe et qui contient tous les rapports et toutes les pétitions qui militent en faveur du tracé sur Sarrebourg. Convaincus plus que jamais, après avoir pris connaissance de ces documents, que le chemin de fer de Cocheren à Haguenau et le canal des houillères donneraient une satisfaction bien plus complète et bien plus équitable, que le chemin de Cocheren à Sarrebourg, aux intérêts du commerce et de l'industrie de tous les départements de l'Est, persuadés d'ailleurs que l'excédant de dépenses qui résulterait de ces deux premiers projets, serait largement compensé par les immenses résultats qu'ils auraient pour la prospérité du pays tout entier, nous croyons devoir, en répondant aux principaux arguments de nos adversaires, donner plus de développement à nos propres pensées.

C'est, disent-ils, la découverte du bassin houiller de la Moselle qui les a décidés à renoncer au projet de canal, parce qu'il conduirait plus directement aux houillères de Sarrebruck qu'à celles qui sont situées sur le territoire français. C'est vers ces dernières que doivent converger aujourd'hui nos nouveaux moyens de transport. Le canal d'ailleurs serait pour les consommateurs de houille une voie de transport plus onéreuse que le chemin de fer qu'on propose d'y substituer.

Voilà en résumé et dans toute sa force leur principal argument.

Personne, certes, ne porte autant d'intérêt que nous à la prospérité des compagnies qui se sont formées pour mettre en valeur les richesses enfouies sous notre propre sol ; personne plus que nous ne désire voir notre pays affranchi du tribut onéreux qu'il paie pour la houille au gouvernement prussien : mais nous ne nous faisons pas illusion et nous croyons que longtemps, bien longtemps encore, nous serons forcés de subir ce tribut.

Nous savons, en effet, combien il faut de temps pour creuser les puits destinés à l'extraction de la houille ; nous savons que de longues années s'écouleront encore avant que notre bassin houiller soit en pleine exploitation, nous savons que l'extraction des houilles de Sarrebruck n'est plus en rapport avec les besoins toujours croissants de nos départements de l'Est et que pendant bien des années, les produits de nos houillères combleront à peine cette insuffisance ; nous savons enfin, que la consommation de la houille prend tous les jours un tel développement, qu'il est probable que notre industrie sera toujours forcée de recourir aux houillères prussiennes pour une partie de ses approvisionnements. Nous croyons donc qu'il importe à la prospérité de notre industrie et au bien-être de nos populations que ces houilles, comme celles du bassin de la Moselle, puissent être transportées au plus bas prix possible sur tous les points du territoire.

Il n'entre pas dans notre pensée, qu'on le croie bien, d'élever le moindre doute sur l'avenir de nos compagnies houillères, car nous sommes persuadés, au contraire, que leurs efforts seront couronnés du succès le plus complet.

Desservi en même temps par le chemin de fer de Metz à Forbach et par le chemin projeté, venant de Sedan, qui le traverserait dans sa plus grande étendue, situé beaucoup plus près que les houillères de Sarrebruck, de la ville de Metz et de nos grands établissements métallurgiques tels que Hayange, Moyeuvre, Ottange, Villerupt, Herserange, Longuion, Gorcy, Ars, Novéant, etc., qui consomment tous des masses énormes de combustible, notre bassin houiller trouvera toujours de ce côté un écoulement facile de ses produits, sans avoir rien à craindre de la concurrence étrangère. Ses débouchés seront bien mieux assurés encore, nous en sommes convaincus, si, au lieu du chemin de fer de Cocheren à Sarrebourg, on exécute celui de Cocheren à Haguenau et si on achève en même temps le canal des houillères de la Sarre.

Il se trouvera alors rattaché aux nombreuses industries de l'arrondissement de Sarreguemines, à celles du Bas-Rhin, du Haut-Rhin, de la Meurthe, des Vosges, de la Meuse, de la Marne, de la Haute-Marne. Protégées par notre régime douanier, nos houilles arriveront dans ces contrées industrielles, en concurrence avec les houilles prussiennes, il est vrai, mais les unes et les autres seront transportées avec beaucoup plus d'économie. La concurrence du chemin de fer et du canal, en amenant la réduction des prix de transport, augmentera nécessairement et d'une manière énorme leur consommation et elle exercera par conséquent une heureuse influence sur la prospérité de nos compagnies houillères elles-mêmes et sur celle de toutes les industries de l'Est de la France.

Le chemin de Cocheren à Sarrebourg offrira-t-il les mêmes avantages? Évidemment non.

Dans ce système, les houilles françaises ne pourraient pas venir en concurrence avec celles de la Prusse pour l'alimentation des nombreuses et importantes industries de Sarreguemines, du pays de Bitche, de Niederbronn et de la Basse-Alsace qui n'auraient ni canal, ni chemin de fer. Dans ce système, point de concurrence entre deux moyens de communication et par conséquent nulle chance de développement de la consommation de la houille par le bas prix des transports.

Les partisans du chemin de Cocheren à Sarrebourg produisent à l'appui de leur opinion nouvelle, un rapport de M. Jacquiné, ingénieur en chef du canal de la Marne au Rhin, qui assure que le prix de transport des houilles serait aussi élevé sur le canal projeté que sur le chemin de fer, et qui évalue ces frais à 5 centimes par tonne et par kilomètre, à savoir : 2 centimes et demi pour le fret, et 2 centimes et demi pour les intérêts et l'amortissement du capital de construction du canal. Quoique la compagnie qui s'organise à Mulhouse pour en soumissionner l'entreprise, n'estime ces frais qu'à 3 centimes et demi tout compris, ce qui détruit tous les calculs de M. l'Ingénieur, nous ne discuterons pas en ce moment ses chiffres, tout excessifs qu'ils nous paraissent, car il raisonne comme si le canal devait être nécessairement exécuté par une compagnie, et nous espérons encore qu'il sera exécuté aux frais de l'État, et que par conséquent les frais de transport ne s'élèveront qu'à 2 centimes au plus, comme sur le canal de la Marne au Rhin. Mais nous disons que dussent ces frais s'élever à 3 centimes et demi et même à 5 centimes, ce qui est impossible, on devrait encore, dans l'intérêt des consommateurs de houille, construire de préférence le canal parce qu'il amènerait d'une manière bien plus certaine ce combustible dans les canaux de la Marne au Rhin et du Rhône au Rhin.

Ne sait-on pas, en effet, que si le chemin de fer de Cocheren à Sarrebourg était exécuté, la Compagnie de l'Est, fidèle à ses précédents et à ceux des autres compagnies de chemin de fer, établirait immédiatement des tarifs différentiels ou d'abonnement, afin de conserver les transports jusqu'à destination? Elle accorderait des faveurs aux expéditionnaires qui prendraient l'engagement de lui donner exclusivement leurs transports, tandis qu'elle appliquerait dans toute leur rigueur ses tarifs à ceux qui voudraient, pour une partie du parcours, utiliser les canaux.

Nos adversaires, nous le savons, demandent, pour obvier à cet inconvénient, que le Gouvernement impose à la compagnie concessionnaire la condition de n'appliquer pour le transport des houilles que les tarifs les plus bas en vigueur sur ses autres lignes. C'est là sans doute une sage précaution; mais sont-ils bien certains que ces règles seront toujours observées? Nous croyons, nous, que la concurrence entre le chemin de fer et la batellerie sera toujours un frein bien plus puissant pour empêcher l'exagération des tarifs.

Nous comprenons donc parfaitement que les administrateurs de la Compagnie de l'Est luttent de tout leur pouvoir, soit dans les conseils généraux des départements, soit ailleurs, pour empêcher la construction du canal des houillères de la Sarre et pour s'assurer le monopole des transports; nous comprenons également qu'ils préfèrent exécuter le chemin de fer de Cocheren à Sarrebourg qui aurait 54 kilomètres de moins que celui de Cocheren à Haguenau, et qui de plus rendrait à jamais impossible l'exécution du canal; mais, malgré les nombreux mémoires qui ont été publiés dans la Meurthe, pour appuyer ce premier tracé, nous ne comprenons pas que les organes de ce département unissent leurs efforts à ceux de cette compagnie, pour repousser le projet de canal dont, l'an dernier encore, ils réclamaient avec nous l'exécution. Nous ne comprenons pas, surtout, qu'ils puissent invoquer à l'appui de leur nouvelle opinion l'intérêt général du pays.

Si, en 1855, la Chambre de Commerce de Nancy, alors qu'elle était Chambre consultative, appelait l'attention de la Chambre de Commerce de Metz, sur les études que faisait faire la Compagnie de l'Est d'un chemin de fer de Cocheren à Sarrebourg, pour l'engager à réclamer contre l'exécution de ce chemin; si, en 1856, le Conseil général de la Meurthe qui connaissait non-seulement la découverte du bassin houiller de la Moselle, mais encore les projets d'un chemin de fer de Lille à Strasbourg, a renouvelé son vœu en faveur du canal des houillères, c'était évidemment parce que ces deux corps reconnaissaient que, dans cette direction et pour le transport des houilles, l'utilité d'un canal l'emportait sur celle d'un chemin de fer; ils savaient bien qu'une voie navigable serait toujours plus économique et qu'elle desservirait au moins aussi utilement les salines de Sarralbe, de Salzbronn, du Haras et de Dieuze. Ils étaient convaincus aussi de l'importance qu'elle aurait pour la prospérité de tous les pays situés sur tout le parcours des canaux de la Marne au Rhin et du Rhône au Rhin.

Si, comme la Compagnie des Salines de Dieuze et les autres industries de la vallée de la Sarre, ils ont abandonné l'idée du canal pour se rallier au projet de la Compagnie de l'Est, est-ce bien par le seul motif que le canal desservirait plus directement les houillères prussiennes que les houillères françaises? Il est permis d'en douter. Ne serait-ce pas plutôt parce que toutes les démarches qu'ils ont faites jusqu'à ce jour pour l'obtenir sont restées sans résultat, et parce qu'ils craignent que le prolongement vers Strasbourg du chemin de Sedan à Thionville n'empêche la construction du canal?

C'est sous l'empire de cette crainte que nos adversaires prétendent que le Gouvernement n'accordera jamais en concurrence deux chemins de fer parallèles, à de pareilles distances, ou un chemin de fer et un canal, et que le succès de l'un ferait la ruine de l'autre; c'est sous l'empire de cette crainte qu'ils atténuent les avantages du canal et ceux du tracé de Cocheren à Haguenau, et qu'ils exagèrent ceux du tracé aboutissant à Sarrebourg.

Nous leur répondrons, d'abord, qu'il suffit de jeter les yeux sur la carte pour se convaincre que le tracé par Sarreguemines, loin d'être parallèle au canal, suivrait une direction toute différente. Nous leur demanderons, ensuite, en admettant comme eux la possibilité d'une concurrence entre ces deux voies pour le transport des houilles vers l'Alsace, si le chemin de fer du Nord, dont les actions émises à 400 fr., valent aujourd'hui environ 950 fr., ne prospère pas à côté des canaux? si celui de Paris au Hâvre, celui de Lyon à la Méditerranée, qui ont pour concurrents, l'un la navigation de la Seine, l'autre la navigation du Rhône, ne donnent pas d'assez beaux résultats? nous leur demanderons si la Compagnie de l'Est elle-même souffre d'une manière bien compromettante pour ses intérêts de l'existence du canal de la Marne au Rhin? nous leur demanderons enfin, si ce canal, qui n'était qu'ébauché, n'a pas été continué depuis la concession du chemin de fer de Paris à Strasbourg?

Pour tranquilliser nos adversaires sur les intérêts fort importants et fort respectables d'ailleurs de la Compagnie de l'Est, nous leur dirons encore que, lorsqu'il y a deux ans, deux compagnies rivales se sont formées pour soumissionner la grande ligne des ports de la Manche au Rhin, l'une sous le nom de Compagnie de Lille à Strasbourg, l'autre sous le nom de Compagnie du Nord-Est, elles avaient toutes deux dirigé leurs tracés à travers le bassin houiller de la Moselle sur Sarreguemines. Ces compagnies pensaient, apparemment, qu'au point de vue de leurs intérêts, ce tracé était préférable à celui qui aurait abouti à Sarrebourg. Elles devaient cependant connaître le projet de canal de la Sarre, et ne devaient pas ignorer que le Gouvernement était, vers cette époque, disposé à consacrer annuellement un million à son exécution ; elles ne s'effrayaient pas cependant de la concurrence qui en fût résultée pour elles.

Que nos adversaires se rassurent donc et qu'ils soient bien convaincus que si le chemin de fer et le canal étaient exécutés, chacune de ces voies de communication aurait des transports suffisants et capables de compenser largement les dépenses qu'elles nécessiteraient.

Le Gouvernement comprendra, on ne peut en douter, que si l'équité et l'intérêt général du pays militent en faveur de la construction d'un chemin de fer de Cocheren à Haguenau, il y a aussi une utilité incontestable à relier par une voie navigable les houillères françaises et prussiennes aux canaux de la Marne au Rhin et du Rhône au Rhin.

L'équité, disons-nous, milite en faveur du tracé que nous défendons. N'est-il pas certain, en effet, qu'il y aurait injustice à priver des nouveaux moyens de transport les nombreux établissements industriels de Sarreguemines qui occupent six mille ouvriers; les verreries de Gœtzenbruck, de Meisenthal et de Saint-Louis, les forges de Mouterhausen, de Behrenthal, de Zinsweiler et de Niederbronn, qui en occupent les unes trois mille, et les autres quatre mille?

Avantages du tracé du chemin de fer par Sarreguemines, Bitche et Niederbronn.

Tous ces établissements dont l'Empereur a admiré les produits à son passage à Forbach, il y a quelques mois, n'ont-ils pas autant de droits à la bienveillance du Gouvernement que ceux du département de la Meurthe, dont plusieurs et des plus importants jouissent d'avantages exceptionnels, puisqu'ils sont situés en même temps sur la grande ligne des chemins de fer de l'Est et sur le canal de la Marne au Rhin?

Mais, disent nos adversaires, le tracé par Sarreguemines et Niederbronn ne rencontre sur la majeure partie de son parcours qu'un pays pauvre et un sol aride.

Cela n'est vrai que pour une partie du canton de Bitche, car les cantons de Sarreguemines et de Rhorbach ne le cèdent en rien pour la fertilité du sol, au pays situé sur le parcours du chemin projeté de Cocheren à Sarrebourg, et la contrée entre Niederbronn et Haguenau est l'une des plus fertiles de la France.

Mais si cela est vrai pour une partie du pays de Bitche, n'est-ce pas un motif

de plus pour que le Gouvernement vienne en aide aux industries qui seules vivi-
fient cette contrée, qui seules assurent l'existence de sa nombreuse population.

Cette population qui a été attirée dans ce pays par les ducs de Lorraine
au moyen d'affectations de bois faites à des industriels qui ont eu le courage
d'entreprendre cette colonisation, que deviendrait-elle, si elle ne trouvait plus
les ressources qu'elle puise exclusivement dans son travail? Elle périrait de
misère, ou serait réduite à l'émigration. L'insuffisance des dernières récoltes
a déjà réduit considérablement le nombre des habitants; car le dernier recen-
sement constate que, dans la période de cinq années, la population a diminué de
8 081 individus. Que serait-ce donc si les grandes industries qui font vivre cette
population, ne pouvaient plus soutenir la concurrence avec des établissements
mieux placés sous le rapport des voies de communication et si elles venaient
à dépérir?

Qu'on ne dise pas que c'est là un danger imaginaire; car il est certain déjà
que les conditions dans lesquelles elles se trouvent ne sont plus aussi favorables. On sait, en effet, que les affectations dont elles jouissaient dans les forêts
de l'État, viennent de leur être retirées et que ces affectations sont remplacées
par des cantonnements bien insuffisants pour leur assurer la quantité de bois
nécessaire à leur consommation.

Il faut donc de toute nécessité, pour quelles ne dépérissent pas, qu'elles
puissent remplacer à de bonnes conditions par la houille, le bois qu'elles ne
pourront plus se procurer à bas prix. Il faut donc qu'elles soient desservies
par un chemin de fer, car le transport des houilles par les voies ordinaires
leur est trop onéreux.

Examinons maintenant la question au point de vue de l'intérêt général.

Si une partie du pays de Bitche n'a pas d'industrie agricole, on ne peut
nier cependant que ce pays ne soit couvert d'immenses et magnifiques forêts
dans lesquelles plus de 25 000 hectares appartiennent à l'État.

N'est-il pas vrai que si une voie ferrée venait offrir à ces forêts le débouché
large et facile qui leur manque maintenant, l'on conserverait pour les usages de
la France une quantité énorme de bois de chêne dont la rareté effrayait déjà
Colbert il y a deux siècles, et que l'Allemagne sagement ménagère de ses réserves
forestières, vient nous enlever, grâce à sa proximité, pour construire ses puits
de mines et ses chemins de fer? N'est-il pas vrai que le revenu annuel d'environ

800000 fr. qu'elles ont donné jusqu'à présent, s'élèverait facilement de 12 à 1500000 fr., et que leur valeur foncière acquerrait par conséquent une plus-value des plus considérables? Cette augmentation des revenus et de la valeur des propriétés de l'État, ne justifie-t-elle pas à elle seule la préférence que l'on doit accorder au tracé que nous défendons, et ne compenserait-elle pas l'excédant de dépenses qui résulterait de son exécution?

Est-ce que les transports de l'énorme quantité de bois de toute espèce et de charbons extraits annuellement de ces forêts, ne fourniraient pas d'ailleurs à la Compagnie concessionnaire du chemin de fer, un élément de revenus d'autant plus importants que la modicité de leurs prix sur les lieux de production permettrait de les expédier au loin?

M. le Ministre de l'agriculture, du commerce et des travaux publics, consultera, sans doute à ce sujet, l'Administration des forêts, et il verra si nous nous trompons dans nos appréciations.

L'un des principaux motifs qui ont déterminé le Gouvernement à décider en principe l'exécution d'une grande ligne de chemin de fer de Lille à Strasbourg, c'est, sans doute, l'utilité de relier entre elles les places fortes de l'Est et du Nord de la France? A ce point de vue, il est bien évident que le tracé de Sarrebourg ne peut soutenir la comparaison avec celui de Haguenau, puisque le premier laisserait de côté, non-seulement le fort de Bitche, mais encore celui de Lichtenberg, qui malgré l'assertion de la Chambre de Commerce de Nancy, est beaucoup plus rapproché de ce dernier tracé. Quant à la place de Phalsbourg dont parlent également nos collègues de la Meurthe, il suffit de consulter la carte pour voir qu'elle est aussi très-éloignée du tracé de Sarrebourg.

On nous dit encore que notre tracé présenterait des inconvénients pour la défense du pays, parce qu'il romprait la ligne des Vosges à un point trop rapproché de la frontière. Nous n'avons certainement pas la prétention de connaître les questions que le génie militaire est seul appelé à résoudre, mais nous croyons savoir qu'il ne s'oppose nullement au passage du chemin de fer sous le fort de Bitche.

Les partisans du chemin de Sarrebourg prétendent de plus, pour atténuer les avantages de notre tracé, que la distance est la même de Cocheren à Strasbourg par Haguenau que par Sarrebourg, et que l'argument sur lequel nous

nous appuyons, que le tracé par Sarreguemines abrège la distance entre les ports de la Manche et l'Allemagne, n'a aucune valeur.

Il est certain cependant que le tracé par Haguenau a cinq kilomètres de moins que l'autre; mais est-ce bien sur cette légère différence que nous nous fondons pour démontrer la préférence qu'on doit lui accorder? Évidemment non.

Nous avons dit seulement et nous le répétons, que notre tracé permettrait, au moyen d'un court embranchement, dirigé sur Carlsruhe et qui en ferait la ligne la plus directe des ports de la Manche au Rhin, d'attirer en France le mouvement de marchandises et de voyageurs qui a lieu entre l'Angleterre, l'Autriche, la Turquie et une partie de l'Asie. Nous avons dit que pour atteindre ce grand résultat, notre tracé l'emportait sur celui de Sarrebourg, parce que ce dernier ferait faire un détour de 60 kilomètres pour arriver à Carlsruhe et à Brucksal qui forme la tête des chemins de fer allemands, se dirigeant sur Stuttgart, sur Munich et sur Vienne.

L'examen de la carte d'Europe prouve d'une manière évidente ce que nous avançons; il prouve également que lorsqu'on voudra construire l'embranchement dont nous venons de parler, notre ligne sera non-seulement beaucoup plus courte pour aller de Londres à Vienne, que celle qui passerait par Sarrebourg, mais qu'elle serait aussi plus courte que celles qui partent des ports de la Belgique et de la Hollande. Il prouve encore qu'au moyen du chemin de Londres à Douvres, et en raison de la faible distance qui sépare ce dernier port de celui de Calais, elle offrira de bien plus grands avantages que les lignes étrangères pour la rapidité du parcours.

Si nous demandons en ce moment que notre chemin soit dirigé sur Haguenau au lieu de l'être sur Lauterbourg, c'est, on le sait, afin de mettre nos établissements industriels de l'arrondissement de Sarreguemines et ceux de Niederbronn en communication plus directe avec l'importante ville de Strasbourg dont nous désirons aussi ménager les intérêts; mais nous le répétons, notre tracé réserve la possibilité d'atteindre à peu de frais et d'une manière beaucoup plus directe le Rhin, à peu de distance de Carlsruhe.

En examinant la carte l'on voit également que le chemin par Sarreguemines, Bitche et Niederbronn, présenterait pour l'Alsace de plus grands avantages que celui qui passerait par Sarrebourg. Non-seulement il y transporterait avec plus d'économie les houilles françaises, prussiennes et bavaroises, mais il mettrait encore cette province, ainsi que la Suisse, en communication plus directe avec Trèves, Luxembourg, Aix-la-Chapelle et avec toute la Belgique. Si notre tracé était exécuté, le gouvernement prussien s'empresserait, en effet, on ne peut en douter, de faire construire un embranchement de Sarrebruck à Sarreguemines, et la Bavière, de son côté, continuerait jusqu'à notre ligne son embranchement de Deux-Ponts.

Toutes ces considérations sont suffisantes, suivant nous, pour décider le Gouvernement à se prononcer en faveur du tracé par Sarreguemines, Bitche et Niederbronn, et pour justifier d'une manière complète les dépenses qui résulteraient de son exécution.

Ces dépenses, nos adversaires les ignorent, car les études que font faire les principaux industriels du pays de Sarreguemines et ceux de Niederbronn sont à peine terminées, mais cela n'a pas empêché M. le Préfet de la Meurthe et M. le Rapporteur du Conseil général de ce département, de les estimer pour le besoin de leur cause, l'un à 27 500 000 fr., et l'autre au chiffre énorme de 32 000 000.

Il est cependant, dès maintenant, à peu près certain que le chemin de Cocheren à Haguenau, qui ne présente pas d'ailleurs les difficultés d'exécution que nos adversaires indiquaient avec tant de complaisance, ne coûtera pas plus de 20 à... 21 000 000 f.

M. Jacquiné estime celles du chemin de Cocheren à Sarrebourg, y compris la construction de l'embranchement de Dieuze, à... 14 000 000

La différence entre ces deux chemins ne serait donc que de 6 à   7 000 000

Nos adversaires veulent bien reconnaître que si la ligne de Cocheren à Sarrebourg était exécutée, il serait nécessaire de faire un embranchement sur Sarreguemines et un autre de Niederbronn vers Haguenau. Ces deux embranchements, d'une longueur totale de 54 kilomètres, coûteraient bien............ 6 000 000

Et, par conséquent, l'excédant de dépenses résultant de l'exécution du tracé aboutissant à Haguenau, en supposant qu'il y ait un excédant, se réduirait à........................ 1 000 000 tout au plus.

Mais cet excédant, fût-il de 8 000 000, nous prétendons qu'il ne peut entrer en balance avec tous les avantages que nous venons de signaler. L'augmentation de la valeur et des revenus des forêts de l'État, dans le pays de Bitche, qui serait le résultat évident de l'adoption de notre tracé, compenserait, et au delà, ce surcroit de dépenses. Cette plus-value, en effet, est estimée par les hommes compétents à 6 ou 700 000 fr. par an, et l'intérêt de 8 000 000 fr. n'est que de 400 000 fr. Qu'on remarque bien, cependant, qu'il ne s'agit pas en réalité d'un excédant de 8 000 000, mais seulement d'un excédant qui ne dépasserait certainement pas 1 000 000.

Nous sommes convaincus que si le tracé que nous appuyons de nos vœux était exécuté, il procurerait à la compagnie qui en aura la concession d'importants bénéfices. Ces bénéfices ne seront pas aussi considérables, il est vrai, que ceux que lui donnerait le chemin de Sarrebourg, qui, en rendant impossible l'exécution du canal de la Sarre, lui assurerait le monopole des transports; mais nous croyons que la prospérité du pays ne peut pas être sacrifiée à celle des compagnies de chemin de fer. L'État doit sans doute sauvegarder les intérêts de ces grandes compagnies; il doit empêcher que leurs intérêts ne soient compromis par des entreprises ruineuses, mais il n'est pas tenu de leur assurer des bénéfices excessifs.

Canal
des houillères
de la Sarre.

Revenons maintenant à la question du canal dont la dépense, y compris celle de l'embranchement de Dieuze, est évaluée à 10 000 000.

Est-ce encore là une dépense bien énorme, si on la compare aux immenses avantages qui en seraient le résultat? Nous ne le pensons pas et nous croyons, au contraire, qu'il est de l'intérêt de l'État, qui a dépensé 75 000 000 pour construire le canal de la Marne au Rhin, de terminer cette œuvre grandiose, en faisant construire aussi, à ses frais, le canal des houillères qui en forme le complément indispensable.

En effet, indépendamment des services qu'il rendrait aux populations et aux nombreuses et importantes industries de l'Alsace, de la Lorraine et de la Champagne, en leur amenant les houilles à des prix beaucoup plus bas que les lignes de fer existantes et que le chemin de fer de Cocheren à Sarrebourg que nos adversaires réclament, le canal de la Sarre procurerait, aux canaux de la Marne au Rhin et du Rhône au Rhin, un mouvement de navigation considérable et dont on ne peut bien se rendre compte qu'en connaissant combien l'importation en France des houilles de Sarrebruck a pris d'extension depuis quelques années. Cette importation, qui n'était en 1852, que de 46 000 tonnes, s'élève aujourd'hui au chiffre de 800 000 tonnes, dont 400 000 au moins suivraient la direction du canal.

La consommation des houilles s'accroîtra dans des proportions beaucoup plus considérables encore, on ne peut en douter, lorsque le canal sera exécuté et lorsque la concurrence des houillères françaises et prussiennes en fera baisser les prix sur les lieux d'extraction. Le développement de la circulation sur les canaux de la Marne au Rhin et du Rhône au Rhin, permettra alors au Gouvernement, au moyen d'un léger droit de navigation qu'il établirait sur le canal de la Sarre et sur celui de la Marne au Rhin qui en a été affranchi jusqu'à ce jour, de s'indemniser des dépenses qu'ils auraient nécessitées. L'État ne trouvera-t-il pas d'ailleurs une ample compensation de ses déboursés dans la prospérité que le canal répandrait sur le pays et qui augmenterait nécessairement le produit de tous les impôts de consommation.

Il est encore une autre considération qui nous fait espérer que le canal de la Sarre sera exécuté par l'État. Nous voulons parler des ressources considérables qu'il offrirait pour la défense du pays.

Le génie militaire a reconnu, lors des enquêtes auxquelles le canal a donné lieu il y a déjà fort longtemps, que non-seulement il opposerait à l'ennemi un obstacle continu, mais qu'il permettrait de plus de déverser dans la vallée de la Seille toutes les eaux réservées tant dans l'étang de Gondrexange que dans le canal de la Marne au Rhin, et au besoin les eaux vives de la Sarre ; ce qui donnerait à la Seille un approvisionnement d'eau dont elle manque pour mettre les inondations de Metz et de Marsal à la hauteur que réclament les nécessités de la défense.

Si, malgré les raisons que nous venons d'indiquer, si, malgré notre pensée qu'il importe que toutes les voies navigables restent dans les mains de l'État, le Gouvernement préférait le concéder à une compagnie plutôt que de l'exécuter lui-même, nous espérons qu'il accorderait à cette compagnie soit une subvention, soit une garantie d'un minimum d'intérêt, afin de la mettre en situation de soutenir d'une manière utile à l'industrie et aux populations la concurrence avec la compagnie du chemin de fer.

Nous avons dit, en commençant, que la compagnie qui s'organisait à Mulhouse pour demander la concession du canal des houillères, estimait les frais de transport sur ce canal à trois centimes et demi par tonne et par kilomètre, à savoir : deux centimes pour droits et un centime et demi pour le fret, et que nous pensions que ces frais ne s'élèveraient qu'à deux centimes. C'est qu'en effet, dans le système de l'exécution par l'État, le droit de navigation serait très-modique, car il n'est sur la plupart des canaux, pour les houilles, que d'un demi-centime par tonne et par kilomètre. En admettant que pour s'indemniser de ses dépenses, l'État imposât également à un demi-centime la navigation du canal de la Marne au Rhin, et en comptant le fret à un centime et demi, prix auquel il est revenu cette année sur ce dernier canal, on voit que ces frais ne s'élèveraient qu'à deux centimes tout compris. Cependant, pour que la modicité de ces prix ne soit pas taxée d'exagération, nous les comptons à deux centimes et demi, et, en calculant sur ces bases, nous opposons aux chiffres de nos adversaires les prix auxquels reviendrait, suivant nous, le transport des houilles qui seraient expédiées, soit par le chemin de fer existant, soit par le chemin projeté de Cocheren à Sarrebourg, soit par les canaux dans les diverses localités inscrites sur le tableau de M. Jacquiné. Nous évaluons, comme lui, le prix de transport par chemin de fer à cinq centimes, mais nous prenons notre point de départ à Sarrebruck, parce que, comme nous l'avons déjà dit, les houillères de la Moselle qui n'ont encore qu'un seul puits en exploitation, ne sont pas encore et ne seront pas de longtemps en situation de pourvoir, d'une manière sensible, aux besoins toujours croissants de notre industrie, et parce que d'ailleurs l'écoulement de leurs produits sera toujours plus facile d'un autre côté, par suite de leur proximité des nombreux et importants établissements métallurgiques de notre département. Lorsque nos houillères seront en pleine activité, lorsque l'exubérance de leur production forcera les compagnies qui se sont formées pour les exploiter à chercher ailleurs le placement de leurs marchandises (cette époque est encore malheureusement bien éloignée), ces compagnies pourront aussi, au moyen du chemin de fer de Cocheren à Sarreguemines, utiliser le canal, et leurs houilles arriveront à leur destination à des prix de transport un peu supérieurs à celui que paieront les houilles prussiennes, cela est vrai, mais à des prix beaucoup plus bas que par le chemin de fer de Cocheren à Sarrebourg. Dans ce cas la différence des frais de transport au détriment des houilles françaises sera d'ailleurs

largement compensée par les droits d'entrée qui frappent les houilles étrangères[1].

Distances et prix de transport depuis Sarrebruck.

	Par le chemin de fer existant de Sarrebruck à Frouard et de Paris à Strasbourg.		Par le chemin de fer de Forbach et le chemin projeté de Cocheren à Sarrebourg.		Localités situées sur les canaux et qui sont les plus rapprochées des stations de chemins de fer inscrites dans la première colonne.	Par les canaux.	
	Kilomètres.	Prix.	Kilomètres.	Prix.		Kilomètres.	Prix.
Nancy...............	133	6,75	133	7,75		147	3,67
Blainville............	158	7,90	132	6,60	Einville.	120	3. »
Lunéville.........	167	8,35	123	6,15	Varangéville.	134	3,35
Avricourt.........	192	9,60	98	4,90			
Sarrebourg......	213	10,65	76	3,80	Gondrexange.	81	2,03
Saverne	240	12. »	103	5,15		122	3,05
Strasbourg.......	284	14,20	147	7,35		165	4,07
Dieuze	....		73	3,65		80	2. »

Nous croyons devoir ajouter à cette nomenclature la ville de Mulhouse en
raison de son importance industrielle.

| Mulhouse........ | 393 | 19,60 | 254 | 12,70 | | 263 | 6,57 |

En rapprochant les prix indiqués dans ce tableau, l'on voit de suite quelle
énorme économie procurerait le canal des houillères. On voit que ces prix, par la

---

[1] La distance de Cocheren à Sarreguemines étant de 20 kilomètres, le transport des houilles
françaises coûtera, jusqu'à cette dernière ville...................................... 1f »c

Celui des houilles prussiennes reviendra, par la Sarre, en supposant que la Prusse
la canalise jusqu'à Sarreguemines qui est à 17 kilomètres de Sarrebruck, à.......... » 42 ½

Différence........................... ...... » 57 ½

Mais ces dernières sont grevées d'un droit d'entrée de 1 fr. 10 c., ce qui laisse encore
aux houilles françaises un avantage de.............................. » 52 ½

voie d'eau, comparés avec ceux que l'on paie par le chemin de fer existant, présenteraient une différence en faveur des canaux :

De 3,08 pour Nancy.

— 8,95 — Saverne.

— 10,13 — Strasbourg.

— 13,03 — Mulhouse.

Comparés avec les prix correspondants au chemin de fer de Cocheren à Sarrebourg, ils présenteront une économie de :

4,08 pour Nancy.

2,10 — Saverne.

3,28 — Strasbourg.

1,65 — Dieuze.

6,13 — Mulhouse.

Pour Blainville, même, qui n'est pas situé sur le canal, mais qui a son importance comme point de raccordement du chemin de fer des Vosges, le canal présenterait aussi une économie de 1 fr. 95 c. [1]

On voit encore que le prix de revient du transport des houilles voyageant par le canal ne serait, jusqu'à Gondrexange, point de sa jonction avec le canal de la Marne au Rhin, que de 2 fr. 03 c., tandis que ce prix s'élèverait, par le chemin de fer projeté, à 3 f. 80 c. jusqu'à Sarrebourg. Cette ville n'étant pas d'ailleurs située sur la voie navigable, les houilles destinées soit à l'Alsace, soit à la Lorraine, et que l'on voudrait transborder dans les bateaux du canal de la Marne au Rhin, devraient continuer leur route par chemin de fer, dans le premier cas, jusqu'à la vallée d'Arschwiller, à treize kilomètres de Sarrebourg, et dans le second cas, jusqu'à Gondrexange à onze kilomètres de cette ville. Elles arriveraient, par conséquent, depuis Sarrebourg jusqu'au canal, avec une augmen-

---

[1] Le prix de transport des houilles de Sarrebruck à Blainville, par le chemin de fer projeté, serait de.. 6f 60c

Ce prix, par les canaux jusqu'à Varangeville, serait de.............. 3f 35c ⎫

De Varangeville à Blainville, par le chemin de fer (11 kilomètres)..... » 55 ⎬ 4 65

Transbordement... » 75 ⎭

Différence 1 95

tation de frais de 55 à 65 c. Ainsi, par le chemin de fer de Cocheren à Sarrebourg, le prix de transport des houilles s'élèverait, jusqu'au canal de la Marne au Rhin, de 4 fr. 55 à 4 fr. 45, c'est-à-dire à plus du double de celui que payeraient celles qui auraient voyagé par le canal de la Sarre.

Il faut remarquer, en outre, que les houilles arrivées par eau jusqu'à Gondrexange continueront nécessairement leur route par eau, et qu'au contraire celles qui auraient voyagé par le chemin de fer ne pourront emprunter la voie du canal de la Marne au Rhin que dans des cas exceptionnels, car les frais de chargement et de déchargement, et les pertes de temps ne permettraient pas d'utiliser le canal pour de petites distances.

Notre tableau, comme celui de M. Jacquiné lui-même, prouve encore de la manière la plus évidente que le chemin de Cocheren à Sarrebourg ne présenterait aucune utilité pour la ville de Nancy, et, par conséquent, pour tout le pays situé à l'ouest de cette ville. En effet, d'après le rapport de cet ingénieur, le transport des houilles depuis Cocheren ne revient à Nancy qu'à 5 fr. 95 c., et il reviendrait par le chemin de fer de Sarrebourg à 6 fr. 82 c.

Le canal de la Sarre et celui de la Marne au Rhin, au contraire, transporteraient le combustible à des prix bien inférieurs à ceux du chemin de fer, non-seulement à Nancy, mais encore dans toutes les localités situées sur le parcours de ce dernier canal, dans sa direction vers la Marne.

Ainsi, pour citer quelques exemples, le transport d'une tonne de houille par chemin de fer, depuis Sarrebruck, coûte :

Pour Frouard,	126 kilomètres,	6,50
— Toul,	149 —	7,45
— Bar-le-Duc,	215 —	10,75
— Vitry,	263 —	15,15

Il ne coûterait, par le canal de la Sarre et celui de la Marne au Rhin, que :

Pour Frouard,	156 kilomètres,	3,90
— Toul,	181 —	4,52
— Bar-le-Duc,	262 —	6,55
— Vitry,	314 —	7,55 [1]

[1] Nous croyons devoir faire observer que ces évaluations sont, pour la plupart, supérieures a celles

Le canal comparé au chemin de fer présenterait, par conséquent, dans cette direction, une économie dans les frais de transport de 40 à 45 pour cent.

Tous ces chiffres prouvent jusqu'à l'évidence que le canal des houillères serait beaucoup plus avantageux que le chemin de Cocheren à Sarrebourg, à tous les établissements industriels de la Lorraine et de l'Alsace dont parlent nos adversaires, et qu'il exercerait, en outre, la plus heureuse influence sur la prospérité d'une autre partie de la Lorraine et sur celle de la Champagne, pour lesquelles ce chemin de fer ne serait d'aucun secours.

Il viendrait notamment en aide, et d'une manière puissante, aux nombreuses et importantes usines métallurgiques de la Haute-Marne qui ne cessent de se plaindre de la cherté du combustible.

C'est ce qu'ont parfaitement compris les Conseils généraux de la Moselle, de la Meuse, de la Marne, de la Haute-Marne, du Haut-Rhin, du Bas-Rhin, et les Chambres de Commerce de presque tous ces départements. Ils réclament tous avec instance la construction de ce canal qui mettrait, par le bon marché des houilles, notre industrie en situation de produire avec plus d'économie et de lutter avec plus d'avantage contre la concurrence étrangère.

En présence des résultats que nous venons de signaler, en présence des vœux presqu'unanimes de l'Est de la France, n'est-il pas permis de penser que, si le Conseil général de la Meurthe et la Chambre de Commerce de Nancy combattent aujourd'hui le projet de canal en lui opposant celui d'un chemin de fer qui le rendrait impossible, c'est parce que, après tous les efforts infructueux qu'ils ont faits pour l'obtenir, ils ne croient plus à son exécution.

N'est-il pas permis de penser aussi qu'ils se sont laissés entraîner, à leur insu peut-être, par les vœux de la contrée qui est située entre Cocheren et

---

que nous trouvons dans un mémoire remarquable que vient de publier M. John Rochat, de Mulhouse, sur l'utilité du canal des houillères. Cet honorable membre de la Chambre de Commerce du Haut-Rhin, se plaçant au point de vue de l'exécution du canal par une compagnie, a estimé les frais de transport des houilles à 3 c. et demi sur le canal de la Sarre, et à 1 c. et demi seulement sur celui de la Marne au Rhin. Il résulte de ses calculs que ce transport ne coûterait, par la voie navigable, jusqu'à Bar-le-Duc, que 5 fr. 54 c., et jusqu'à Vitry-le-Français, que 6 fr. 52 c. — Quant à nous, en adoptant pour base le prix moyen de 2 c. et demi, nous avons voulu nous montrer modérés dans nos appréciations, car nous sommes presque certains que ce prix n'excédera pas 2 c., y compris le droit de navigation qui pourrait être établi.

Sarrebourg, et qui, en préférant le chemin de fer au canal, se préoccupe beaucoup plus de la facilité de ses relations et de ses convenances personnelles que de l'intérêt général du pays.

Mais le Gouvernement, qui connaît la haute utilité des voies navigables, puisqu'il consacre tous les ans des fonds à leur perfectionnement, ne voudra pas, pour donner satisfaction aux préférences mal fondées de quelques localités, priver tous les départements de l'Est des immenses avantages qui seraient la conséquence de l'exécution du canal des houillères.

Les puissantes considérations qui militent en faveur de cette voie navigable prouvent surabondamment aussi que la vallée de la Sarre doit être réservée à son exécution, et que le chemin de fer destiné à unir les ports de la Manche au Rhin doit suivre une autre direction. Elles viennent donc à l'appui des arguments que nous avons fait valoir pour démontrer que cette ligne internationale, après avoir traversé le bassin houiller de la Moselle, devait être dirigée sur Sarreguemines, Bitche et Niederbronn.

Ce tracé, indépendamment des importants services qu'il rendrait à l'agriculture et aux nombreuses industries de cette contrée, indépendamment des facilités qu'il donnerait pour l'exploitation des magnifiques forêts qui s'y trouvent et dont il doublerait les revenus, indépendamment de l'avantage qu'il offrirait de relier plus directement nos places fortes du Nord et de l'Est, ce tracé, disons-nous, pourrait seul attirer en France, par la voie la plus courte, un mouvement considérable de marchandises et de voyageurs qui passent maintenant par la Belgique.

Il satisfait donc tellement aux intérêts financiers de l'État et aux intérêts généraux du pays, que nous avons la ferme espérance de le voir adopter par le Gouvernement de S. M. l'Empereur, qui a déjà donné tant de preuves de sa sollicitude active et éclairée pour la prospérité de la France.

Metz, le 27 janvier 1857.

Les Membres de la Chambre de Commerce,

G. GOUGEON, *, président, rapporteur; — E. BOUCHOTTE, vice-président, secrétaire; — N. LAPOINTE, trésorier; — C. BASTIEN; — M. SIMON; BEZANSON; — MAYER; — GAUTIEZ; — GEISLER.

DOCUMENTS A L'APPUI.

DOCUMENTS A L'APPUI.

Adresse de la Chambre de Commerce de Metz à S. M. l'Empereur.

Sire,

La Chambre de Commerce de Metz se félicite de pouvoir présenter à Votre Majesté ses respectueux hommages et lui offrir l'expression de sa reconnaissance pour tout ce qu'elle a déjà fait pour la gloire et le bonheur de la France.

Grâce à votre énergique impulsion, Sire, grâce à l'ordre et à la confiance que vous avez su rendre au pays, l'industrie de notre département s'est accrue d'une manière extraordinaire depuis quelques années. De nombreux hauts-fourneaux ont été construits, de riches mines de houille ont été découvertes, et l'une d'elles est déjà en exploitation.

Le développement de la prospérité publique prendrait plus d'importance encore, que Votre Majesté nous permette de le dire, si elle daignait agréer nos vœux et ceux du commerce et de l'industrie de notre circonscription.

Comme le Conseil général du département, nous demandons, Sire, à votre gouvernement, l'exécution d'un chemin de fer direct de Châlons à Metz par Sainte-Menehould et Verdun; nous demandons aussi que le prolongement vers Strasbourg du chemin récemment concédé, de Sedan à un point à déterminer de la ligne de Metz à Thionville, traverse le bassin houiller de la Moselle, qu'il se dirige ensuite sur Sarreguemines,

Bitche et Niederbronn, pour se souder à la grande ligne de l'Est à Haguenau, et non pas à Sarrebourg; nous sollicitons enfin l'exécution des travaux qui doivent former le complément du canal de la Marne au Rhin, c'est-à-dire l'amélioration de la navigation de la Moselle dans une faible partie de son cours, de la Lobe à Frouard, et la continuation du canal des houillères de la Sarre commencé par l'empereur Napoléon I et resté inachevé.

Nous avons, Sire, la confiance que les travaux que nous sollicitons seraient d'une haute utilité, non-seulement pour notre département, mais pour le pays tout entier.

Le chemin direct de Châlons à Metz par Verdun aurait, en effet, pour résultat, et c'est là son principal but, en abrégeant de près de 70 kilomètres la distance entre Metz et Paris, d'augmenter d'une manière considérable le transit, par la France, des marchandises et des voyageurs qui, au lieu de passer comme autrefois par Châlons, Verdun et Metz, pour se rendre à Mayence et Francfort, se dirigent maintenant par la Belgique et par Cologne.

Les avantages que nous vous signalons seront plus certains encore, Sire, lorsque le chemin de fer que l'on construit actuellement en Prusse, de Sarrebruck à Mayence par Creuznach, sera terminé; car alors, au moyen de la ligne directe de Châlons à Metz, la distance entre le Hâvre, Paris et l'Allemagne centrale, sera diminuée de plus de 100 kilomètres.

La ligne de Châlons à Metz par Verdun mettrait en communication deux places de guerre importantes, et les relierait toutes deux au camp permanent de Châlons.

En traversant les plaines fertiles de la Woëvre, les belles prairies de la Meuse, les immenses forêts de l'Argonne, elle faciliterait les approvisionnements du camp et donnerait aussi une prospérité toute nouvelle aux parties des départements de la Marne, de la Meuse et de la Moselle, qui sont, jusqu'à ce jour, privées des nouvelles voies de communication.

Elle rendrait enfin, Sire, à la ville de Metz, les avantages dont elle a été privée par le tracé adopté en 1845; elle lui éviterait les détours et les lenteurs qui en sont le résultat, et lui procurerait même une assez sensible économie dans les frais de transport.

Sire,

Le second vœu que nous avons à adresser à Votre Majesté est relatif au prolongement du chemin de Sedan à Thionville, dont la récente concession a été accueillie avec joie et reconnaissance par le commerce de notre circonscription.

Nous croyons que ce chemin, qui n'est sans doute, dans vos hautes pensées, qu'un tronçon de la grande ligne qui reliera un jour l'Angleterre et nos ports de la Manche au Danube, à Vienne et Constantinople, doit être continué vers le Rhin, en suivant le tracé le plus direct possible, c'est à cette condition qu'il attirera en France le mouvement de marchandises et de voyageurs qui a lieu entre l'Angleterre, l'Autriche, la Turquie et l'Asie. Nous pensons donc, Sire, qu'il est de l'intérêt général du pays, que ce prolongement se dirige en suivant le bassin houiller de notre département sur Sarreguemines, Bitche et Niederbronn, pour arriver à Strasbourg par Haguenau.

En suivant cette direction, il donnerait la facilité d'atteindre, par un embranchement de peu d'étendue, Carlsruhe et Bruchsal, qui forment la tête des chemins de fer allemands se dirigeant sur Stuttgartt, Munich et Vienne; il desservirait nos houillères; il donnerait une nouvelle activité aux nombreux et importants établissements industriels de la ville de Sarreguemines, aux verreries de Saint-Louis, de Gœtzenbruch, de Meisenthal; aux forges de Mouterhausen, de Behrenthal et de Niederbronn; il augmenterait, enfin, la valeur et les revenus des 25000 hectares de forêt que l'État possède dans le pays de Bitche.

Le projet d'adopter, à partir de Cocheren, un tracé qui irait se souder à la ligne de l'Est à Sarrebourg, serait loin de présenter les mêmes avantages, car il ne rencontrerait aucune ville aussi peuplée que Sarreguemines, et les établissements industriels auxquels il viendrait en aide sont loin d'avoir l'importance de ceux dont nous venons de parler. Il ferait faire d'ailleurs un détour d'environ 60 kilomètres pour arriver à Bruchsal, à Munich et à Vienne.

Nous savons, Sire, que les localités directement intéressées et les organes du département de la Meurthe appuient vivement le tracé par Sarrebourg, dans le but principal de se mettre en communication directe avec le bassin houiller de Sarrebruck; mais nous croyons qu'ils se trompent sur leurs véritables intérêts.

Le canal des houillères de la Sarre dont nous demandons la continuation, comme ils la demandaient eux-mêmes avec nous, il y a quelques années, atteindrait beaucoup mieux, suivant nous, le but qu'ils se proposent

Le canal, par sa jonction avec celui de la Marne au Rhin, permettrait, en effet, de transporter à des prix beaucoup plus bas que par un chemin de fer, non-seulement en Lorraine, mais encore en Champagne et en Alsace les houilles si nécessaires à l'industrie. Il diminuerait les frais de fabrication de nos manufactures et les mettrait en situation de lutter partout avec avantage contre la concurrence étrangère.

C'est ce qu'a parfaitement compris la ville de Mulhouse si riche en établissements industriels, car elle forme en ce moment une société pour demander la concession du canal de la Sarre. Elle sait que les prix de transport des houilles par chemins de fer s'élèvent au minimum à 5 centimes par tonne et par kilomètre, et qu'ils ne sont sur les canaux que de 2 centimes et demi à 3 centimes. Elle n'ignore pas que ce combustible, voyageant par eau depuis Sarrebruck jusqu'à Mulhouse, ne lui coûterait, pour frais de transport, que 6 fr. 50 c. à 7 fr. 50 c. par tonne, tandis que par chemin de fer les frais du même trajet reviendraient au minimum à 12 fr. 75 c.

Le canal des houillères de la Sarre a subi, Sire, toutes les épreuves des enquêtes et des conférences avec le génie militaire. Il a été reconnu qu'il contribuerait puissamment et par différents motifs à la défense du territoire.

Votre Majesté, si attentive à tout ce qui intéresse la force et l'honneur de la France, appréciera cette considération.

Il ne nous reste plus, Sire, qu'à vous exposer les raisons sur lesquelles nous fondons notre demande relative aux travaux à exécuter pour l'amélioration de la navigation de la Moselle.

Ces travaux, dont les études sont terminées depuis longtemps, exigeraient une somme de 800 000 fr., dépense peu importante, si on la compare surtout aux féconds résultats qui en seraient la conséquence.

Ils permettraient d'utiliser les écluses construites à grands frais à Frouard, pour mettre la Moselle en communication avec le canal de la Marne au Rhin.

Ils rendraient productives les dépenses considérables faites, il y a dix ou douze ans, dans cette rivière pour en faciliter la navigation, depuis la frontière jusqu'à la limite du département de la Meurthe.

Ils procureraient à la ville de Metz et à notre département les avantages qu'assure déjà le canal aux autres départements de l'Est. Ils auraient aussi, pour la prospérité de ces départements eux-mêmes, une importance considérable, car, par la Moselle et le canal, ils recevraient au prix de transport les plus bas possible, nos houilles, nos fers, nos fontes et nos céréales.

Ces travaux donneraient enfin une activité toute nouvelle à la navigation du canal qui, déjà relié au Rhin à Strasbourg, le serait encore par la Moselle à Coblence.

Daignez, Sire, accueillir avec bienveillance ces considérations qui nous paraissent conformes aux intérêts généraux du pays.

En exauçant nos vœux, votre Majesté acquerra de nouveaux titres de gloire et de nouveaux droits à notre amour et à notre reconnaissance.

Metz, le 29 septembre 1857.

Séance du 26 août 1857.

CANALISATION DE LA SARRE

Et Jonction au Canal de la Marne au Rhin,

Le Conseil général a, dans sa session de 1856, renouvelé les vœux qu'il avait émis précédemment en faveur de la canalisation de la Sarre et de l'établissement d'un canal dit des houillères, allant rejoindre le canal de la Marne au Rhin à Gondrexange.

L'expression de ces vœux a été transmise au Gouvernement par M. le Préfet, et, ce magistrat a reçu, à la date du 4 de ce mois, une lettre qu'il met sous les yeux du Conseil, et par laquelle M. le Ministre de l'agriculture, du commerce et des travaux publics, après avoir fait connaître la situation de cette affaire qui, en 1854, a été l'objet de négociations entre les Gouvernements français et prussien, déclare que l'Administration ne méconnaît pas l'importance que présenterait, pour l'industrie du département de la Moselle, la mise a exécution du canal des houillères, et qu'il désire que les circonstances permettent de reprendre ce projet.

Le Conseil de l'arrondissement de Sarreguemines a émis, cette année, un nouveau vœu en faveur de la canalisation de la Sarre, et, par un rapport dont la communication est donnée au Conseil, M. le Sous-Préfet de Sarreguemines fait valoir les plus sérieuses considérations en faveur de ce projet. Ce fonctionnaire développe les avantages qu'offrirait au commerce et à l'industrie, notamment en ce qui concerne le transport des houilles, ce canal dont l'entreprise, conçue dès 1806, a été décidée par l'Empereur Napoléon I, et dont l'exécution, trop longtemps ajournée, est toujours aussi désirable.

Il annonce qu'une compagnie, à la tête de laquelle seront les grands industriels du pays, va se former à Mulhouse pour entreprendre le travail.

Un Membre de la Commission des travaux publics fait, au nom de la Commission, le rapport suivant :

« Le développement extraordinaire de l'industrie dans les départements de l'Est, sa » position en face de la question douanière, qui ne cesse de l'inquiéter, appellent toute » son attention sur deux points capitaux : l'entrée en franchise des matières premières » qu'elle emploie et le perfectionnement de ses moyens de transports.

» L'Angleterre a parfaitement compris ces questions, et son système ne s'est pas » borné à l'affranchissement des matières premières, à l'établissement d'innombrables » petits canaux et chemins de fer qui desservent les centres industriels entre eux et les » mettent en rapport avec les ports de mer, mais elle laisse même entrer librement tout » ce qui est nécessaire à la vie des ouvriers, pour obtenir la main-d'œuvre au meilleur » marché possible.

» Je ne m'occuperai que de la question des transports et même que de celui de la » houille, parce que, pour ce dernier, nos intérêts sont les mêmes; car nous la tirons » tous des houillères de Sarrebruck.

» A Mulhouse, où l'industrie souffre le plus de la cherté du combustible, on a repris » l'affaire pour la troisième fois, et une société vient de s'organiser pour demander la » concession nécessaire.

» A sa tête ne se trouvent que des industriels : MM. Schlumberger, Jean Dolfus, » G. Steinbach, Nicolas Kœcklin, L. Huguenin, Schveisgutz, Coudraz, Osvald Linder et » John Rochat. Nos efforts doivent les seconder.

» Remarquons bien qu'aucun tracé de chemin de fer ne peut remplacer ce travail.

» Les chiffres suivants vous le prouveront :

» La distance de Sarrebruck au canal, près de Sarrebourg, est de .   81 kilomètres,
» et de là à Strasbourg, de................................   82   —

Au total, de............   163
» A Mulhouse, de...   263   —
» A Nancy, de..   147   .
» A Bar-le-Duc, de............... .... ..·...........   263   —

» Les frais de traction sur le canal de la Marne au Rhin sont de 1 centime et demi

» par kilomètre et par tonne ; doublez ces frais, pour droit de navigation, et vous ob-
» tiendrez le transport de la tonne de houille :

» Pour Strasbourg, à.. 4f 89c

» — Mulhouse, à.. 7 89

» — Nancy, à.. 4 41

» — Bar-le-Duc, à.. 7 89

» Le chemin de fer transporte en moyenne à 5 centimes par kilomètre et par tonne ;
» je sais parfaitement qu'il a des traités à 4 centimes, mais ils se trouvent compensés
» par les transports bien plus considérables à 6 centimes ; il est donc juste de prendre
» la moyenne de 5 centimes, et vous arrivez aux résultats suivants :

» Sarrebruck à Strasbourg (287 kilomètres)......................... 14f 35c

» — à Mulhouse (306 kilomètres)......................... 19 80

» — à Nancy (138 kilomètres)......................... 6 90

» — à Bar-le-Duc (221 kilomètres)......................... 11 05

» Et en admettant même que, pour rattacher le chemin du Nord à celui de l'Est, on
» fasse un embranchement des environs de Forbach vers Strasbourg, on aurait encore
» 146 kilomètres pour aller à Strasbourg, ce qui mettrait la tonne à 7 fr. 30 c., et
» 255 kilomètres pour Mulhouse, ce qui nous donne 12 fr. 75 c.

» Ces chiffres, incontestables, décideront de votre concours, Messieurs.

» Je dois vous dire qu'il y a trois ans, M. Collignon, secrétaire général de l'adminis-
» tration des Ponts et Chaussées, qui s'est tant occupé de cette question, était parvenu
» à faire classer le canal de la Sarre parmi les travaux à exécuter par le Gouvernement,
» et qu'on destinait un million par an à son exécution ; avec cette subvention et cette
» garantie, il aurait été facile de trouver une compagnie qui se serait chargée de faire
» les travaux en trois ans, et le pays profiterait déjà de cette communication importante.
» La guerre d'Orient ayant diminué le budget du ministère des travaux publics, l'affaire a
» dû être abandonnée.

» Le Gouvernement prussien, de son côté, a pris, depuis plusieurs années, l'en-
» gagement de rendre la Sarre navigable, à ses frais, jusqu'à la frontière française, et
» de là, à frais communs avec la France jusqu'à Sarreguemines. »

D'après ces considérations, la Commission des travaux publics propose de renouveler
le vœu, si souvent exprimé, que le canal soit exécuté le plus promptement possible, et
de prier M. le Préfet de s'entendre avec ses collègues du Haut et du Bas-Rhin, de la

Meurthe, de la Meuse, de la Marne et de la Haute-Marne, pour solliciter du Gouvernement une subvention en faveur de la compagnie qui se chargerait de ce travail.

Ces conclusions sont adoptées par le Conseil.

Séance du 31 août 1857.

CHEMINS DE FER.

M. l'Ingénieur en chef des Ponts-et-Chaussées est introduit.

La parole est donnée au Rapporteur de la Commission des travaux publics, chargée de l'examen des tracés des chemins de fer dans le département.

Il s'exprime ainsi :

« Votre Commission des travaux publics a étudié avec le plus grand soin les rapports » de M. le Préfet et de M. l'Ingénieur en chef des Ponts et Chaussées, relatifs aux lignes » de chemin de fer qui intéressent notre département.

» Elle aurait désiré pouvoir vous proposer un vœu qui aurait satisfait à tous les in-» térêts; mais en présence de tracés suivant deux directions différentes, elle a dû tenir » compte de l'intérêt général, du plus grand nombre des habitants de la Moselle et des » décisions que vous avez prises dans vos sessions de 1855 et 1856.

» Vous apprendrez avec plaisir qu'à la suite d'un traité entre notre Gouvernement et » celui du Grand-Duché de Luxembourg, Thionville se trouvera bientôt relié à cette » dernière ville. La Compagnie de l'Est a deux ans pour exécuter ce chemin qui aura » une longueur de 10115 mètres.

» Vous vous associerez avec empressement aux démarches que les départements de la » Meuse et de la Marne font dans ce moment, pour obtenir l'établissement d'un chemin » de Châlons à Metz, par Verdun.

» Ce projet forme depuis longtemps l'objet des vœux les plus constants de la ville » de Metz et du département de la Moselle. Il permettra d'éviter le détour et toutes les

» lenteurs attachées à l'embranchement de Frouard. Il diminuera de près de 70 kilo-
» mètres la distance actuelle par voie de fer du Hâvre et de Paris à Metz, et en Alle-
» magne par Sarrebruck.

» Il a d'autant plus d'importance qu'il correspondra à la rectification qui va être faite
» en Prusse du chemin de Sarrebruck au Rhin et à Mayence par Creutznach, et attirera
» ainsi, sur les chemins et les ports français, une grande partie des voyageurs et des
» marchandises qui passent aujourd'hui par Cologne et la Belgique.

» Au point de vue commercial et agricole, cette ligne à peu près parallèle à la route
» impériale de première classe de Paris à Metz et à Mayence, rendra la prospérité à des
» localités entièrement déshéritées aujourd'hui, et donnera un facile écoulement aux
» céréales des plaines fertiles de la Woëvre.

» Enfin la création d'un camp permanent à Châlons donne à ce chemin un intérêt
» militaire tout particulier, en ce qu'il rattache ce camp aux places fortes de Verdun et
» de Metz, et y facilitera les approvisionnements de toute nature.

» Un conseil d'enquête a examiné un projet de chemin de fer présenté par la com-
» pagnie des salines de Dieuze, qui partant des environs de Saint-Avold, devait passer
» par Gros-Tenquin et Dieuze, et être prolongé vers Avricourt, sur la ligne de Paris à
» Strasbourg. La Commission d'enquête a refusé de reconnaître à ce chemin le caractère
» d'utilité publique, par les considérations qui se trouveront développées tout à l'heure
» à l'occasion du prolongement de la ligne de Sedan à Thionville vers le Rhin.

» Je me bornerai donc à vous citer textuellement ses conclusions :

» Ce Conseil d'enquête émet l'avis qu'il ne soit accordé entre la ligne de Metz à
» Forbach et celle de Metz à Strasbourg aucune concession de chemin suivant un tracé
» autre que celui depuis longtemps demandé, et qui passe par Sarreguemines, Bitche
» et Niederbronn.

» Cet avis, conforme à vos décisions antérieures, aura sans doute votre approbation.

» Il nous reste à traiter la question la plus importante, celle du prolongement du
» chemin de Sedan, à partir de la ligne de Metz à Thionville.

» Dans deux sessions consécutives, vous avez émis le vœu de voir établir un chemin
» de fer de Lille à Strasbourg.

» L'importance de cette voie, au point de vue international de la défense du territoire
» et de l'industrie, ne vous a pas échappé.

» Le Gouvernement a concédé une partie de ce chemin à la compagnie du Nord et à
» celle des Ardennes fusionnée avec la compagnie de l'Est.

» C'est ainsi que l'idée de l'Empereur toujours préoccupé des grands intérêts de la
» France, vient de recevoir un commencement d'exécution et fixera sur notre sol la
» ligne la plus courte de Londres au Danube, à Vienne et Constantinople.

» Mais pour arriver à ce résultat, les tracés à faire ne doivent pas perdre de vue un
» seul instant cette grande idée, une économie mal entendue, des intérêts particuliers
» spécieusement défendus, ne doivent pas alonger le parcours et maintenir par là à
» l'étranger les voyageurs et le transit des marchandises.

» Le chemin de Sedan doit aboutir près d'Uckange sur la ligne de Metz à Thionville
» et se diriger, en passant par Boulay, par la voie la plus courte possible, sur les houil-
» lères de la Moselle, dans les environs de Saint-Avold et de Cocheren ; l'étude de cette
» partie du tracé est dans ce moment confiée à M. Frécot, ingénieur de la compagnie
» de l'Est.

» Je dois vous dire que toutes les opinions sont d'accord sur ce tracé, et le vœu du
» Conseil général ne fera que confirmer son utilité.

» C'est à partir de Cocheren ou de Saint-Avold que les difficultés commencent, que
» les tracés sont contestés. Un canton du département demande que le chemin soit dirigé
» par Puttelange et Sarralbe vers Sarrebourg, sur la ligne de Paris à Strasbourg, et les
» cantons de Sarreguemines, Rhorbach, Volmunster et Bitche, d'accord avec vos déli-
» bérations antérieures, celles de la Chambre de commerce et du Conseil municipal de
» Metz, demandent, au contraire, à rejoindre la ligne de l'Est à Haguenau, en passant par
» Sarreguemines, Bitche et Niederbronn, pressentant ainsi la facilité d'atteindre Carlsruhe
» et Bruchsal qui forme, vous le savez, tête au chemin de Stuttgart, Munich et
» Vienne.

» La question examinée au point de vue départemental ne peut être douteuse. L'im-
» portance industrielle du canton de Sarralbe, toute respectable qu'elle soit, ne peut
» être mise en comparaison avec celle des cantons de Sarreguemines et de Bitche.

» En effet, dans le canton de Sarralbe, vous rencontrez, à Puttelange, une belle fa-
» brique de peluches, une fabrique de colle forte, et à Sarralbe, trois salines et un mar-
» teau de forge qui dépend de la fabrique d'acier de Hombourg.

» Des relevés, aussi exacts que possible, des transports effectués pour ces établisse-
» ments réunis, nous donnent environ 12 000 tonnes.

» Dans le canton de Sarreguemines, vous rencontrez, à Sarreguemines même, les
» faïenceries, trois fabriques de peluches, deux d'allumettes chimiques, une de coffres-
» forts et de quincaillerie, une de savon, une de chicorée, une d'amidon, etc.

» Leurs transports s'élèvent annuellement à près de 28 000 tonnes.

» Dans le canton de Bitche, vous avez les cristalleries de Saint-Louis, les verreries
» de Gœtzenbruck et de Meisenthal, les forges de Mouterhausen et de Behrenthal, et les
» nombreuses scieries qui débitent des millions de planches provenant des forêts de
» l'État. L'ensemble de leurs transports s'élève au moins à 80 000 tonnes par an.

» Examinons encore si les populations rurales de l'arrondissement de Sarreguemines

» auraient un plus grand intérêt, ainsi qu'on l'a affirmé, à voir le chemin se diriger
» plutôt sur Sarrebourg que sur Niederbronn.

» Les cantons de Saint-Avold et de Forbach sont desservis pour la plus grande partie
» par le chemin de l'Est qui les traverse, et ils seraient très-heureux s'ils pouvaient se
» rendre en chemin de fer au chef-lieu de l'arrondissement où leurs intérêts les ap-
» pellent le plus souvent.

» Leurs relations avec le canton de Sarralbe et à plus forte raison avec le Bas-Rhin
» qui le touche, sont sans importance. Le canton de Gros-Tenquin est également rap-
» proché de la ligne de l'Est qui lui permet de se rendre au chef-lieu du département.
» Le chemin sur Sarreguemines aurait bien plus d'importance pour lui que celui sur
» Sarrebourg où il n'a aucun intérêt.

» Quant aux autres quatre cantons, ils se trouvent complétement déshérités et à de
» grandes distances de toutes lignes ferrées.

» Disons brièvement que les campagnes attachent moins d'importance que les centres
» industriels au chemin de fer, et que ces derniers vivent plutôt de l'industrie et des
» voyageurs que des agriculteurs.

» Vous voyez, Messieurs, que si le canton de Sarralbe s'opposait seul au tracé que
» vous avez adopté antérieurement, votre décision ne pourrait être douteuse, mais le
» Conseil général ne doit pas seulement se préoccuper des intérêts du département, il
» doit chercher aussi l'intérêt général du pays. Eh bien ! le plus puissant de tous, au
» point de vue commercial, est celui que je vous ai signalé ; il faut ouvrir au commerce
» anglais vers l'Inde, le chemin le plus court et le plus rapide ; vous le connaissez, il
» va de Douvres à Calais, à Lille, à Mézières, Uckange, Sarreguemines, Bruchsal,
» Stuttgart, Munich et Vienne, d'où il peut se diriger, soit sur Constantinople, soit par
» Trieste à l'isthme de Suez ; la même ligne servira à nos autres ports de la Manche à
» Dunkerque, Boulogne et le Hâvre, surtout si le chemin que vous demandez depuis
» Châlons était fait ; passer de Cocheren par Sarrebourg à Strasbourg pour descendre à
» Bruchsal, c'est alonger la route d'au moins 60 kilomètres. Défendre le tracé que nous
» vous proposons, c'est défendre l'idée de l'Empereur, vous le savez.

» Examinons maintenant si notre tracé et les combinaisons qui s'y rattachent sont
» contraires aux intérêts des autres départements de l'Est, ainsi qu'on veut bien le
» dire. Ces départements, notamment la Meurthe, la Meuse, le Haut et le Bas-Rhin et
» les Vosges, sont desservis par le chemin de fer de l'Est, par celui d'Épinal, celui de
» Mulhouse, et par le canal de la Marne au Rhin et du Rhin au Rhône. Le transport de
» leurs produits est largement assuré et par les moyens les moins coûteux ; le tracé de
» Cocheren à Sarrebourg n'a d'autres avantages, pour eux, que de raccourcir le chemin
» que les houilles qui leur sont nécessaires prennent dans ce moment-ci. Nous ne par-

» lons ni du Bas-Rhin, ni du Haut-Rhin ; les chiffres vont démontrer tout à l'heure que
» notre tracé les desservira mieux que celui par Sarrebourg. Nous demandons seulement
» comment ces départements, séduits par des calculs évidemment erronés, ont pu aban-
» donner l'idée de tirer par eau leurs combustibles nécessaires?

» Pendant de nombreuses années, ils ont réclamé le canal de la Sarre pour arriver au
» bassin houiller de Sarrebruck ; comment compenseront-ils les différences entre les deux
» moyens de transports que je donne en chiffres authentiques?

» En calculant le fret par eau à 0ᶠ,03ᶜ, et celui par le chemin de fer à 0ᶠ,05ᶜ par
kilomètre et par tonne, nous arrivons aux résultats suivants :

Voie d'eau.

De Sarrebruck à Strasbourg.. 163 k. à 0 f. 03 c. — 4 f. 80 c.

	à Mulhouse... 263	à 0	03	— 7	80
—	à Nancy 347	à 0	03	— 4	41
—	à Bar-le-Duc . 263	à 0	03	— 7	80

Chemin de fer.

De Sarrebruck par Sarrebourg
   à Strasbourg............ 146 k. à 0 f. 05 c. — 7 f. 30 c.

De Sarrebruck à Mulhouse.. 255	à 0	05	— 12	75
— à Nancy..... 155	à 0	05	— 7	75
— à Bar-le-Duc. 254	à 0	05	— 12	70

Différence en faveur du canal :

Pour Strasbourg.............	2 f. 41 c.
— Mulhouse..............	4 86
— Nancy................	3 34
— Bar-le-Duc.............	4 81

» Remarquons bien que les prix par eau calculés à 0ᶠ,03ᶜ comprennent non-seule-
» ment les frais de traction, qui sont aujourd'hui à 1 centime et demi, mais aussi les
» droits de navigation que j'évalue également à 1 centime et demi [1].

» Nos adversaires de Nancy ont soin d'établir leurs calculs en se basant sur l'exploi-
» tation future des houillères de la Moselle, et nous parlent beaucoup de l'affranchisse-
» ment d'un tribut que nous payons à la Prusse ; hélas ! il en sera encore longtemps
» ainsi, car, malgré les efforts les plus louables que font nos compagnies houillères,
» il se passera encore de longues années avant qu'elles puissent satisfaire seules aux
» besoins toujours croissants de l'industrie, et leur chemin de fer vers le nord et la con-
» sommation sur place suffiront à leur débit ; rien, du reste, ne les empêcherait de se
» rattacher au canal par un embranchement, et nous nous étonnons que la Chambre
» de Commerce de Nancy, qui nous dit, page 3 de sa Notice : « combien les transborde-
» ments sont coûteux et nuisibles à la marchandise ; » — nous dise ensuite, page 6 :
« que les grandes usines de Saverne et celles du Haut-Rhin recevront leurs houilles par

---

[1] Si l'État exécutait le canal et le traitait comme celui de la Marne au Rhin, il n'y aurait pas de droit de navigation à payer.

» les bateaux du canal de la Marne, » avec une réduction sensible de prix, qui se traduira
» bien vite par des centaines de mille francs d'économie.

» Il est donc incontestable que le véritable intérêt de tout l'Est de la France, en ce
» qui concerne les houilles, se concentre sur l'établissement d'une voie navigable par-
» tant de Sarrebruck.

» Voyons maintenant si même un chemin de fer partant de Cocheren par Sarregue-
» mines, Bitche et Niederbronn à Strasbourg, n'est pas préférable à l'autre tracé.

» Vous venez de voir que le chemin de Cocheren à Sarrebourg est de 59 kilomètres,
» et de Sarrebourg à Strasbourg de 70 kilomètres, ensemble....... 129 kilomètres.

» Eh bien ! celui de Cocheren à Sarreguemines est de 20 kilom. ;
» de Sarreguemines à Bitche de 31 kilom. ; de Bitche à Niederbronn
» de 22 kilom. ; de Niederbronn à Haguenau de 19 kilom., et de
» Haguenau à Strasbourg de 33 kilom., ensemble................ 125 kilomètres.

» Différence en faveur de notre tracé..................... 4 kilomètres.

» Vous voyez, Messieurs, que je pars de Cocheren et non de Sarrebruck, autrement
» l'embranchement que le Gouvernement prussien veut faire raccourcirait encore la ligne.

» Sachez aussi que le tracé de Haguenau à Bitche a été étudié complétement aux
» frais de la maison de Dietrich, et que celui de Bitche à Cocheren ou Saint-Avold l'est
» également, et que les difficultés insurmontables que nos adversaires ont créées pour
» le besoin de leur cause n'existent nulle part.

» En adoptant le tracé que nous vous proposons, vous réservez la possibilité de faire
» une grande route internationale ; vous assurez aux départements du Haut et du Bas-
» Rhin un bénéfice sur le transport des houilles ; vous desservez les grandes industries
» de la partie Est du département ; vous assurez à l'État un grand bénéfice sur l'exploi-
» tation de ses plus belles forêts et vous arrêtez le dépeuplement d'une contrée qui a
» vu quitter, dans l'espace de cinq ans, près de 9000 de ses enfants.

» Metz même se trouve rapprochée de Strasbourg de 18 kilomètres.

» Par ces motifs, la Commission des travaux publics, après avoir entendu les ob-
» servations de M. l'Ingénieur en chef du département, et après une discussion des
» plus complètes, n'a pu adopter l'avis d'un de ses membres qui demandait le tracé de
» Cocheren à Sarrebourg, avec embranchement sur Sarreguemines ; elle a dû également
» rejeter la proposition qui faisait une condition expresse à la compagnie concession-
» naire d'exécuter en même temps l'embranchement de Sarreguemines et la ligne prin-
» cipale. »

La Commission propose :

1° Que le prolongement du chemin de la ligne de Sedan, sur l'embranchement de

Metz à Thionville, soit dirigé de manière à desservir le mieux possible les nouvelles houillères du département, dans la partie comprise entre l'embranchement de Thionville et celui de Forbach, en passant par Boulay;

2º Pour la partie comprise entre l'embranchement de Forbach et la ligne de l'Est, que ce tracé soit dirigé, non sur Sarrebourg, mais sur Haguenau, en passant par Sarreguemines, le pays de Bitche et Niederbronn, réservant ainsi la faculté d'un tracé direct sur Carlsruhe, qui réunirait, par la voie la plus courte, Londres et les ports de la Manche à Munich, Vienne, le Danube et Constantinople;

3º Que le Conseil s'associe à l'avis émis par le Conseil d'enquête sur le chemin de Téting à Dieuze et à Avricourt;

4º Que le Conseil général, s'associant aux délibérations prises par les départements de la Marne et de la Meuse, renouvelle le vœu que le chemin de Châlons à Metz, par Verdun et Sainte-Menehould, soit concédé aussitôt que possible;

5º Que le chemin de Sedan se rattache à la ligne de Thionville à Metz par le point le plus rapproché de cette dernière ville, suivant le vote émis lors des enquêtes de 1856.

Le Conseil général, après avoir entendu plusieurs de ses Membres, adopte les conclusions de la Commission, et renouvelle les vœux qu'il a émis dans ses précédentes sessions.

<h2 style="text-align:center">Adresse du Conseil général de la Moselle à l'Empereur, lors du passage de Sa Majesté à Metz, le 29 septembre 1857.</h2>

« SIRE,

» Le département que nous représentons est heureux de se rappeler qu'il a été un » des trois premiers en France à acclamer Votre Majesté. Le Conseil général et les » Conseils d'arrondissement de la Moselle, ici réunis, saisissent avec empressement » l'occasion de donner à Votre Majesté l'assurance que l'amour et le dévouement de » nos populations n'ont fait que grandir avec les immenses bienfaits que Votre règne » apporte chaque jour à la France.

» Dans sa sollicitude incessante pour la prospérité de toutes les parties de l'Empire, » Votre Majesté nous permettra de lui signaler rapidement trois questions qui intéressent » le plus particulièrement nos contrées.

» Votre Majesté a concédé, par décret du 10 juin 1857, un chemin de fer de Sedan » à la ligne de Thionville. Si ce chemin était prolongé vers le Rhin, en traversant les

» nouvelles houillères découvertes dans l'arrondissement de Sarreguemines, et desser-
» vant les nombreux établissements industriels qui s'y trouvent, passant le plus près
» possible de Metz et par Sarreguemines, le pays de Bitche et Niederbronn, il porterait
» la vie dans des contrées jusqu'à présent déshéritées de ces voies de communication ;
» il compléterait la grande ligne internationale de Dunkerque à Carlsruhe, de Londres
» au Danube, à Vienne et à Constantinople.

» Un autre chemin de fer, sollicité depuis longtemps, mettrait le camp de Châlons,
» cette grande conception de Votre Majesté, en communication beaucoup plus rapide
» avec les places fortes de Verdun, Metz, Longwy, et avec les bords du Rhin. Il abré-
» gerait de 70 kilomètres environ, la distance actuelle par voie ferrée de Paris et du
» Havre à Metz et à Francfort, surtout depuis les nouveaux travaux que la Prusse exécute
» de Bexbach à Bingen. Les Conseils généraux de la Marne et de la Meuse appellent,
» comme nous, de tous leurs vœux, la construction la plus rapprochée possible de cette
» ligne importante.

» Enfin, Sire, le commerce de nos contrées réclame depuis longtemps l'achèvement
» de la voie navigable qui nous relie à la capitale par le canal de la Marne au Rhin
» et la Moselle. Il reste seulement à terminer quarante kilomètres environ dans le dé-
» partement de la Meurthe, de la Lobe aux écluses de Frouard, sur la rivière de
» Moselle. L'achèvement du canal, dit *des houillères,* par la canalisation de la Sarre,
» ouvrage commencé dès le premier empire, serait encore un grand bienfait pour
» notre pays. »

DÉLIBÉRATION

DU

CONSEIL MUNICIPAL DE METZ.

Séance du 25 Juin 1857.

Le Conseil municipal de Metz ayant été informé par un de ses membres qu'une enquête est ouverte sur un chemin de fer projeté de Téting à Dieuze, laquelle doit être close le 29 courant,

Vu sa délibération du 13 septembre 1855,

Sur les propositions de la Commission à laquelle cette affaire a été renvoyée ;

Considérant qu'il est du plus haut intérêt pour le département de la Moselle et pour la ville de Metz que la ligne récemment concédée de Sedan par *Longuyon* à un point à déterminer sur le chemin de fer de Thionville, laquelle n'est qu'un tronçon d'une ligne plus étendue destinée à relier Lille à Strasbourg et la Manche au Rhin, soit prolongée vers l'Est, au travers de tout le département, en passant par les nouvelles houillères du département, par Sarreguemines et les établissements industriels du pays de Bitche ;

Considérant que les avantages d'un pareil tracé sont manifestes, soit qu'on les envisage au point de vue des intérêts généraux du pays, soit qu'on les considère au point de vue spécial des besoins de la contrée ; que d'une part, en effet, ce tracé facilitera les rapports internationaux, en établissant la communication la plus directe et la plus rapide entre l'Allemagne et les ports de la Manche ; que de l'autre il touche à tous les centres industriels du département ou se tient à leur proximité, qu'il n'en laisse aucun en dehors de son action ; qu'il est destiné à les vivifier tous en leur apportant le combustible minéral à bas prix ; que sous ce rapport il procurera à Metz et aux établissements métallurgiques des Ardennes, de Briey, de Thionville aussi bien qu'à l'Alsace, une notable économie dans les frais de transport;

Considérant que les avantages de ce chemin ont engagé depuis longtemps déjà tous les organes du pays à s'y rallier, que, par sa délibération du 17 septembre 1855, le Conseil municipal de Metz l'a notamment appuyé de tous ses vœux; qu'il doit dès lors tendre à repousser toutes les combinaisons qui auraient pour effet d'en faire manquer ou seulement ajourner l'exécution;

Considérant que le chemin projeté de Téting à Dieuze est une de ces combinaisons; qu'il ne dessert aucun autre établissement industriel que la saline de ce nom; que l'on doit redouter que le prolongement vers Richecourt ne suive de près l'exécution de cette ligne et n'établisse ainsi entre le bassin houiller et l'Alsace une communication plus directe que celle qui existe aujourd'hui, mais qui l'est beaucoup moins que celle qui a reçu l'assentiment du conseil;

Considérant qu'il n'est point douteux que cette communication une fois établie, ou bien celle projetée de Cocheren à Sarrebourg, l'exécution de la ligne réclamée par le Conseil ne soit indéfiniment ajournée au détriment des intérêts industriels de premier ordre auxquels elle a pour objet de satisfaire;

S'en référant à sa première délibération,

Émet l'avis que le prolongement vers Strasbourg du chemin récemment concédé, de Sedan à un point de la ligne de Thionville, doit traverser le département de la Moselle en passant par les nouvelles houillères de la Moselle, par Sarreguemines et les établissements industriels du pays de Bitche, et repousse le projet soumis à l'enquête de Téting à Dieuze aussi bien que le tronçon étudié de Cocheren à Sarrebourg, comme étant l'un et l'autre contraires aux intérêts du pays.

PÉTITION REMISE A S. M. L'EMPEREUR

Pendant son séjour à Plombières, en juillet 1857

PAR UNE DÉPUTATION DES DÉPARTEMENTS DE LA MOSELLE ET DU BAS - RHIN.

Sire,

Votre Majesté a décidé que les villes de Lille et de Strasbourg seraient reliées par une voie ferrée.

Le tracé de cette voie est arrêté jusqu'à Thionville.

Il reste à indiquer comment la ligne de Thionville sera raccordée à la ligne de Strasbourg.

Trois projets sont en présence.

Deux intérêts particuliers recommandent les deux premiers.

L'intérêt général demande l'adoption du troisième.

Le premier projet, présenté de concert par la Compagnie des salines de Dieuze et par la Compagnie de l'Est, et dans l'intérêt de cette compagnie, consiste à joindre Thionville à Téting, sur la ligne de Metz à Forbach, Téting à Avricourt par Dieuze, sur la ligne de Strasbourg.

Une commission d'enquête vient de rejeter ce tracé. — Le département de la Moselle et la basse Alsace l'ont énergiquement repoussé.

Le deuxième projet, conçu par la Compagnie de l'Est, a pour but de relier Thionville à Cocheren, sur la ligne de Metz à Forbach, et Cocheren à Sarrebourg, sur la ligne de Strasbourg, c'est-à-dire d'économiser les fonds de la Compagnie de l'Est qui utiliserait ainsi une grande partie de la ligne actuelle.

Il ne tient aucun compte des intérêts du pays et de l'intérêt général.

Le troisième projet est réclamé par le Conseil municipal de Metz, par la Chambre de Commerce et toute l'industrie de la Moselle et du Bas-Rhin; il donne seul satisfaction aux intérêts de l'État, comme propriétaire de forêts, et aux intérêts généraux du pays.

Le tracé dont il s'agit partirait de Thionville, rejoindrait la ligne de Metz à Forbach vers Saint-Avold, et par Sarreguemines, le pays de Bitche et Niederbronn, gagnerait la ligne de Strasbourg à Haguenau.

Il présenterait, sur le premier tracé (celui de Dieuze), un raccourcissement de 56 kilomètres, et de 5 kilomètres sur le deuxième projet (celui de Cocheren à Sarrebourg).

Il traverserait le bassin houiller de la Moselle dont les récents sondages ont encore accru l'importance.

Il desservirait Sarreguemines et ses nombreux établissements industriels — les faïenceries, les fabriques de peluches, de quincailleries, d'allumettes chimiques, et les belles verreries et cristalleries de Saint-Louis, de Gœtzenbruck, de Meisenthal.

Les forges de Mouterhausen, de Niederbronn, les nombreux établissements industriels de la basse Alsace.

Les houilles de France et de Sarrebruck, dont le transport par la voie de terre est si coûteux, arriveraient par cette voie dans des établissements qui, s'ils sont privés de cette communication, ne pourront plus soutenir la concurrence et succomberont.

C'est pour eux une question de vie ou de mort; c'est pour le gouvernement de Votre Majesté une question d'équité.

Voilà pour les intérêts particuliers.

Voici pour les intérêts de l'État :

Le tracé par Sarreguemines et Bitche traverserait, dans son plus grand diamètre, le bassin forestier le plus important de la France. Ce bassin produit par an, sur 33 000 hectares de magnifiques futaies, 150 000 stères de bois de chauffage et 50 000 mètres cubes de bois de service.

Il n'a pas de débouché — et cependant il produit au trésor 800 000 fr.

Si une voie ferrée lui ouvrait un débouché facile, il donnerait aisément un revenu de 1 500 000 fr., c'est-à-dire que le capital aujourd'hui de 30 000 000 de fr. serait porté à 50 000 000 de fr., augmentation 20 000 000 de fr.

La contrée seule et la Prusse profitent aujourd'hui de ces produits. Toute la France en profiterait s'il était possible de les transporter.

Nous voulons surtout insister sur les considérations d'intérêt général.

Votre Majesté a demandé que Lille et Strasbourg fussent reliées par la voie la plus courte — que la route de Constantinople par Carlsruhe, Stuttgart, Ulm, Munich, Lintz, Vienne et le Danube, fût ouverte à nos ports de la Manche et de l'Océan, et qu'une concurrence utile fût faite au chemin qui, d'Anvers, se dirige presque parallèlement vers Vienne.

Le tracé que nous proposons donne seul satisfaction à la pensée de Votre Majesté.

De plus il relie le fort de Bitche à Thionville et à Metz d'un côté, et à Strasbourg de l'autre.

Enfin il vient rendre la vie aux pauvres cantons du pays de Bitche que l'émigration dépeuple. — Si les verreries de la vallée de Saint-Louis et les forges de Mouterhausen éteignent leurs feux, ce pays, que les ducs de Lorraine ont tant favorisé pour le faire sortir de l'état presque sauvage, ne pourrait plus nourrir ses habitants. — Tout l'est du département de la Moselle qui a perdu près de 8087 âmes depuis cinq ans, ne sera bientôt plus qu'une solitude.

La France perdra des ouvriers intelligents et Votre Majesté ses plus fidèles sujets qui viennent, il y a quinze jours à peine, de se rendre au scrutin électoral avec un empressement qu'on n'a peut-être pas vu aussi grand nulle part ailleurs.

Votre Majesté ne l'ignore pas, ces populations, dont les rapports journaliers avec la Prusse et la Bavière, tiennent le patriotisme en éveil, ont conservé intacts l'enthousiasme du premier empire et le culte de la dynastie napoléonienne.

Aucune contrée n'a fourni plus de soldats à la France; il en est peu dont l'industrie ait tenté d'aussi grands efforts, et cependant, laissée à ses propres forces, on n'a jusqu'ici rien fait pour elle.

Nous serions heureux, si nous pouvions recevoir de Votre Majesté l'assurance qu'Elle examinera Elle-même cette question et qu'Elle protégera aussi nos intérêts compromis par les vues d'une compagnie puissante.

Notre cause est si évidemment juste, que cette assurance équivaudrait pour nous à l'assurance du succès.

Nous avons l'honneur d'être,

De Votre Majesté,

Les très-humbles sujets,

(Suivent les signatures de Membres du corps législatif, de Membres des conseils généraux, de Maires et des principaux industriels de l'arrondissement de Sarreguemines et du département du Bas-Rhin.)

Lettre adressée à S. M. l'Empereur, par M. le baron de Geiger, député au Corps législatif.

Sire,

La bienveillance avec laquelle Votre Majesté a daigné écouter les observations des délégués de la Moselle et du Bas-Rhin, relatives au tracé du chemin de fer qui doit relier la ligne du Nord à celle de l'Est, me fait espérer que ces quelques mots ne trouveront pas auprès d'Elle un accueil moins favorable.

Votre Majesté en voulant bien me demander : « pourquoi nous *ne proposions pas d'aller de Bitche droit au Rhin,* » a montré combien Elle connaissait la question, et que, l'envisageant immédiatement de son point de vue le plus élevé, Elle se préoccupait avant tout d'assurer à nos ports de la Manche et à nos voies ferrées le transit si important de l'Angleterre vers la Turquie et les Indes.

Que si, en effet, on exprime en chiffres la modification indiquée par Votre Majesté, le développement du rail-way projeté devient :

De Cocheren à Sarreguemines.	18 kilom.
De Sarreguemines à Bitche.	32 —
De Bitche à Wissembourg.	47 —
De Wissembourg à Lauterbourg.	20 —
De Lauterbourg à Carlsruhe.	20 —
et n'est plus au total que de.	137 —

Tandis que si on adopte la direction proposée par la Compagnie de l'Est, on trouve :

De Cocheren à Sarrebourg.	59 kilom.
De Sarrebourg à Strasbourg.	70 —
De Strasbourg à Carlsruhe.	81 —
Ensemble.	210 —

D'où ressort en faveur du premier tracé une différence de 73 kilomètres.

Enfin, en admettant que des motifs que je ne puis connaître empêchassent pour le moment l'exécution de la ligne la plus directe, on gagnerait encore 5 kilomètres en passant par Sarreguemines, Niederbronn et Strasbourg, car

De Cocheren à Sarreguemines il y a..............................	18 kilom.
De Sarreguemines à Niederbronn..............................	53 —
De Niederbronn à Haguenau..............................	20 —
De Haguenau à Strasbourg..............................	33 —
De Strasbourg à Carslruhe..............................	81 —
et au total, au lieu de 210 kilomètres, seulement..................	205 —

La pétition que nous avons eu l'honneur de remettre à Votre Majesté expose les besoins de la Lorraine allemande, l'importance de ses industries, de ses forêts domaniales, le danger du dépeuplement toujours croissant.

Les chiffres qui précèdent prouvent d'une manière décisive l'abréviation du parcours que Votre Majesté a bien voulu nous signaler.

Daignez donc, Sire, nous continuer votre bienveillante protection.

Nos populations n'espèrent qu'en Votre Majesté. Les paroles rassurantes que nous avons entendues à Plombières ont fait naître en elles le plus vif espoir. « L'Empereur » connaît l'affaire, Il la décidera dans l'intérêt général de la France ; aucun intérêt par- » ticulier, aucune influence ne pourront prévaloir. » Telle est, Sire, l'expression de la confiance illimitée que place en Votre Majesté la province la plus fidèle et la plus dévouée de l'Empire.

Je resterai tant que je vivrai,

Sire,

De Votre Majesté,

Le plus humble et plus obéissant sujet,

A. de GEIGER,

Député au Corps législatif.

Sarreguemines, le 18 juillet 1857.

RAPPORT.

L'an mil huit cent cinquante-sept, le 18 du mois de décembre,

Nous, soussigné, A. de Schwarz, inspecteur des forêts, chef de commission de cantonnement ;

Vu la lettre Nº 10 056, en date du 23 novembre dernier, par laquelle M. le Conservateur à Metz nous invite à lui adresser un rapport sur l'influence qu'aurait pour les forêts de Bitche l'établissement d'un chemin de fer qui partirait de Cocheren pour aboutir à Haguenau, faisons les observations suivantes :

Afin d'étudier d'une manière aussi complète que possible l'importante question qui nous est soumise, nous avons pensé utile de diviser nos recherches et d'en présenter séparément les résultats dans les trois chapitres indiqués ci-après :

Le chapitre premier renferme quelques renseignements économiques et statistiques sur le pays de Bitche, qui nous ont paru être une sorte de préface indispensable aux considérations consignées dans les notes suivantes.

Dans le chapitre deuxième, qui est le point de départ de notre étude, nous avons recherché successivement :

1º La production actuelle des forêts de Bitche ;

2º Comment leurs produits sont consommés ;

3º Enfin le chiffre moyen de leur revenu en argent.

Dans le chapitre troisième nous avons cherché à déterminer, en supposant qu'un chemin de fer reliât Cocheren à Haguenau :

1° Qu'elle serait la production des mêmes forêts ;

2° Comment leurs produits seraient consommés ;

3° Enfin quel serait alors le chiffre de leur revenu en argent.

Dans un dernier paragraphe, nous avons comparé le revenu actuel déterminé dans le chapitre deux, au revenu foncier déterminé dans le chapitre trois, et formulé les conclusions auxquelles nous a conduit la présente étude.

CHAPITRE PREMIER.

Renseignements et Statistique sur le pays de Bitche. — Chemin de fer de Cocheren à Haguenau.

La contrée encore habituellement appelée *pays de Bitche*, formait l'ancien comté du même nom qui dépendait du duché de Lorraine.

Elle fut, comme toute cette province, tellement ravagée pendant les longues luttes qui remplirent le dix-septième siècle et le commencement du dix-huitième, que suivant l'expression d'un de ses anciens gouverneurs, le comte de Bombelles, « on y rencontrait » plus communément des bêtes fauves que des hommes. »

La fertilité du sol non plus que la beauté du ciel ne pouvaient attirer de nouvelles populations dans ce pays dévasté qui reposait sur un terrain aride et sous un climat des plus rudes. Mais les riches forêts qui couvraient ses montagnes devinrent alors son salut.

Sur les conseils éclairés de l'administration qui les régissait, les divers princes qui, suivant les fortunes de la guerre, régnèrent sur ce comté de 1720 à 1771, y accordèrent d'abondantes concessions. L'on vit alors de vastes usines, de nombreux villages s'élever dans les vallées au pied des montagnes boisées où ils trouvaient en abondance les charpentes nécessaires à la construction de leurs bâtiments ; le combustible, aliment indispensable du fourneau industriel et du foyer domestique, et enfin de vastes pâturages pour la nourriture de leurs troupeaux.

Après avoir servi pour ainsi dire de berceau à ces manufactures, les forêts en sont devenues le soutien d'abord, la richesse aujourd'hui. C'est grâce, en effet, aux puissantes ressources qu'elles leur ont si abondamment prêtées, que se sont élevées et successivement accrues ces belles usines verrières et métallurgiques qui, réunies, créent annuellement une valeur de plus de dix millions, Mais relégués à l'extrémité d'un département, extrémité lui-même de l'Empire, ces grands établissements industriels, peu connus en dehors de la sphère des affaires, n'ont pas été appelés, lors de la construction du réseau national, à profiter des immenses avantages qu'apportent les chemins de fer dans les pays qu'ils traversent. A différentes reprises ils avaient demandé à ne pas demeurer plus long-temps déshérités de ces merveilleuses voies de communication, mais inutilement. Deux événements récents, qui sont venus appeler sur eux et leurs remarquables produits l'attention du pays et du souverain, leur ont fait concevoir de nouvelles espérances qui probablement cette fois ne seront pas déçues.

Le premier a été l'exposition de 1855.

Les éclatantes récompenses[1] que leur donnèrent les juges de cette grande joute industrielle, en établissant l'incontestable supériorité de leurs produits, signalèrent à la fois au gouvernement toute leur importance ainsi que le mérite de leurs justes réclamations.

Le second, tout récent, a été le passage à Forbach de S. M. l'Empereur, lors de son retour de Stuttgart.

Aucune description ne peut essayer de dépeindre l'enthousiasme avec lequel les populations de l'arrondissement tout entier se levèrent, comme un seul homme, pour porter l'expression de leur amour et de leur respect au chef de l'État, à sa rentrée sur la terre de France.

Treize chars représentant autant d'industries défilèrent chargés de leurs produits si divers sous les yeux surpris et approbateurs de S. M. *« satisfaite de voir de près un pays » si peu connu, mais qui dorénavant ne serait plus ignoré. »*

Ces bienveillantes paroles furent accueillies avec une profonde reconnaissance et avec l'espérance surtout de voir bientôt réalisé le vœu le plus ardent de ces contrées que l'usine de Mouterhausen avait eu l'heureuse pensée d'inscrire sur la plaque de fonte qui, comme une bannière, surmontait ses produits : « Nos 3 000 ouvriers sollicitent de l'Em-» pereur le chemin de Cocheren par Sarreguemines, Bitche et Niederbronn à Haguenau, pour assurer dans l'avenir la paix à leurs familles. »

Le pays entier a, depuis, appris avec une vive satisfaction, que l'Administration des ponts et chaussées, que celle des forêts surtout, venaient de charger leurs agents respectifs d'étudier, à leurs différents points de vue, les résultats féconds que produirait la construction de cette ligne ferrée. La direction générale lui est apparue comme la digne héritière de cette grande maîtrise à laquelle il rapporte son origine et sa prospérité qui, croissante encore

---

[1] Forges de Mouterhausen, — grande médaille d'honneur.
Cristallerie de Saint-Louis, — médaille d'honneur.
Verrerie de Gœtzenbruck, — médaille de première classe.
Verrerie de Meisenthal, — médaille de première classe.

il y a quelques années, semble maintenant hésiter, et s'arrêterait à coup sûr, pour décliner bien vite, s'il devait demeurer à jamais privé d'une de ces nouvelles voies de transport qui offrent un accès si prompt aux matières premières, un écoulement si facile aux produits manufacturiers.

Ici les intérêts de l'État, propriétaire de bois, sont les mêmes que ceux de l'industrie. Ses nombreuses forêts, en effet, ne sont, non plus, à proprement parler, que de vastes usines où la végétation mettant en œuvre les éléments qui lui sont fournis par le sol et l'atmosphère, crée, sans se lasser jamais, un matériel ligneux considérable qui vient chaque année remplacer celui qu'enlève la cognée des bûcherons. Pour obtenir des prix réellement rémunérateurs de leur haute utilité, ces produits, plus encore que les fontes de Mouterhausen, bien plus surtout que les cristaux de Saint-Louis, réclament impérieusement la création d'un chemin de fer qui étende le bassin de leur consommation.

Cette assertion sort tellement de la situation, qu'il suffit de l'énoncer pour en faire éclater la vérité; aussi ne chercherons-nous pas à la démontrer, mais seulement à traduire en chiffres les immenses avantages qui résulteraient pour l'État, propriétaire des forêts de Bitche, de l'établissement d'un rail-way qui se souderait au réseau de l'Est, en reliant la station de Cocheren à celle de Haguenau.

CHAPITRE DEUXIÈME.

Production. — Consommation. — Revenu annuel.

§ 1er. — *Production actuelle des forêts de Bitche.*

Les forêts de Bitche, proprement dites, occupent sur les ondulations de la chaîne des Vosges à l'orient vers le Rhin, à l'occident vers la Sarre, une surface de 25 200 hectares.

Leur altitude au-dessus du niveau de la mer varie de 203 à 440 mètres.

Le hêtre, le chêne et le pin, auxquels les essences tendres viennent ajouter le bouleau et le tremble, composent le peuplement.

Elles étaient anciennement traitées en futaie, suivant le mode jardinatoire. Peu de temps après la réunion de la Lorraine à la France (1766), l'arrêt de 1771 prescrivit leur aménagement en taillis, comme si leurs exigences avaient été les mêmes que celles des bois de la Bourgogne ou de l'Orléanais.

L'expérience ne tarda pas à démontrer les vices de ce système d'exploitation qui, à partir de 1818, fut complétement abandonné. Depuis cette époque elles sont soumises à une révolution transitoire dont le but est de les ramener à l'état de futaie régulière.

Les coupes consistent ordinairement en éclaircies et en extraction d'arbres dépérissants ou surabondants.

Ces exploitations préparatoires sont généralement basées sur une production moyenne de 4 stères à 4st,50 par hectare; mais dans ces dernières années, sous l'influence de besoins chaque jour plus exigeants, on doit compter qu'elles ont enlevé 5 stères à l'hectare et offert à la consommation un volume de 126 000 stères.

La répartition de ces stères, entre les différentes espèces et qualités de bois, présente une sérieuse difficulté. Afin de la résoudre aussi complétement que le permet l'état actuel des choses, nous avons recherché les résultats transcrits ci-après de plusieurs estimations faites par nous dans ces quatre dernières années sur différents points des forêts de la localité, et en avons adopté les nombres comme s'ils avaient été donnés par des places d'essai évaluées en vue du but que nous nous proposons d'atteindre :

NOMS DES FORÉTS.	CONTENANCES INDIQUÉES.	NOMBRE D'ARBRES.			VOLUME EN STÈRES.		
		HÊTRE.	CHÊNE.	PIN.	HÊTRE.	CHÊNE.	PIN.
Bitche	956	49156	55468	49949	50705	65285	24917
Mouterhausen.......	506	98169	9186	4942	107644	6585	5004
Reyerswiller........	34	6822	162	»	6008	800	»
Roppewiller........	51	2886	556	»	4720	1518	»
Rhorbach	56	15948	2490	»	15240	5096	»
Soucht.	95	11751	408	»	28751	843	»
Sturzelbronn........	522	45754	41656	81101	25481	55505	90985
Totaux....	2200	228446	109996	155992	215549	134550	120904

Si l'on adopte ces résultats (et ils paraissent tout à fait acceptables) comme base de la répartition du volume, 126 000 stères, annuellement exploité entre les différentes essences qui le fournissent, on voit que :

1° Le hêtre (en y ajoutant les essences diverses, environ 0,1) concourt à sa formation pour 0,45, ou 56700st

2° Le chêne pour 0,29, ou.................................... 36540

3° Le pin pour 0,26, ou.... 32760

En appliquant à ces divers nombres les facteurs en usage dans la localité, ils se décomposent :

1° En $36540^{st} \times 0,66 = 24116^{st},40$ chêne service $= \dfrac{24116^{m \cdot c},40}{1,6}$ bois rond $= 15072^{m \cdot c}$

$32760 \times 0,66 = 21621^{st},60$ pin service $= \dfrac{21621^{st},60}{1,5}$ bois rond . . . . $= 14414$

Total des mètres cubes chêne et pin service. . .   29486

2° En. . . . . . $36540 \times 0,34 = 12428^{st}$ chêne chauffage.

$32760 \times 0,34 = 11138^{st}$ pin chauffage.

$56700 \times 0,60 = 34020^{st}$ hêtre quartier tige.

$56700 \times 0,40 = 22680^{st}$ de houppiers hêtre et divers.

nous obtenons. . . . . 80266st pour le total des stères chauffage, auxquels viennent s'ajouter environ 3734st de souches délivrées,

qui élèvent à. . . . . 84000st la production des forêts de Bitche en bois de feu.

Ces divers produits sont d'une qualité supérieure qui les a toujours fait rechercher. C'est ainsi qu'au temps de sa prospérité, la Hollande venait choisir parmi eux les plus beaux blocs de chêne et de hêtre que la Sarre, la Moselle et le Rhin amenaient ensuite dans ses scieries et sur ses chantiers. Le chêne, qui joint au plus haut degré de la double propriété d'être très-facilement travaillé et de ne pas se tourmenter quand il est mis en œuvre, est extrêmement apprécié par la menuiserie de Metz et de Strasbourg.

Enfin, depuis plus d'un siècle, la culture du pin-silvestre a été propagée dans les forêts de Bitche ; cette essence y prend de grandes dimensions et y acquiert d'excellentes qualités. Un ingénieur de la marine envoyé il y a quelques années (1854) pour étudier les ressources que la flotte impériale pourrait y trouver, a reconnu qu'en exploitant cette espèce forestière à une longue révolution, elle serait susceptible de produire ces précieux bois de mâture que les constructions navales sont obligées d'aller demander à la Norwége et aux contrées septentrionales les plus éloignées.

§ 2. — De la consommation actuelle des produits des forêts de Bitche.

Après avoir déterminé, aussi approximativement que possible, la quantité et la nature des produits fournis chaque année par le massif des forêts de Bitche, nous allons rechercher successivement quels débouchés sont ouverts, d'une part aux bois de feu, de l'autre à ceux de service.

Bois de feu. — Les communes non encore cantonnées et les usines auxquelles les droits d'usage ont été accordés, viennent d'abord prélever, sur les 84 000 stères qui représentent la production en chauffage, les parts respectives attribuées à chacune d'elles par les titres de concession ; elles sont indiquées au tableau ci-dessous :

NOMS DES USINES.	NOMS DES COMMUNES.	QUANTITÉS DÉLIVRÉES		REDEVANCES ACQUITTÉES.	OBSERVATIONS.
		aux USINES.	aux COMMUNES.		
Niederbronn *....	»	11880	»	13367	* Situé dans le Bas-Rhin.
Meisenthal	»	522	»	2088	*Prix du commerce :*
Mouterhausen....	»	11151	»	731	0,20 par 2st,97.
Saint-Louis.	»	9000	»	1818	0,60 par 2st,97.
»	Bining..........	»	526		
»	Bitche..........	»	1900		
»	Eguelshardt......	»	175		
»	Enchenberg	»	624		
»	Haspelscheidt	»	624		
»	Meisenthal	»	1262	1485	Idem.
»	Reyerswiller.....	»	520		
»	Roppewiller.	»	455		
»	Rahling..........	»	500		
»	Rhorbach	»	681		
»	Soucht	»	1073		
4	11	32555	8340	19707	

Il résulte de l'examen de ce tableau qu'en tant qu'usagères,

onze communes reçoivent annuellement............................ 7340

trois usines... 20673

une autre située dans le Bas-Rhin................................ 11 880

Si on retranche ce total............................... 39893

du nombre exprimant les stères exploités annuellement............... 84 000

le reste obtenu indique la quantité........ 44107

demeurant disponible, une fois les délivrances usagères servies.

C'est au moyen de ce reliquat que les usines et les communes complètent le surplus de leur consommation qui peut être établi comme il suit :

USINES ET COMMUNES.	BESOINS annuels EN STÈRES.	DÉLIVRANCES USAGÈRES,	EXCÉDANTS des BESOINS sur les DÉLIVRANCES.	OBSERVATIONS.
Bitche................	500	»	500	Fabriques d'allumettes.
Behrenthal.............	6000	»	6000	Aciérie.
Meisenthal.............	5000	522	4478	Verrerie.
Gœtzenbruck...........	6200	»	6200	Id.
Mouterhausen...........	17000	11151	5849	Forges et hauts-fourneaux.
Saint-Louis	24000	9000	15000	Cristallerie.
Seize communes renfermant 15414 habitants........	12116	7340	4776	Cinq habitants par ménage consommant 4st annuellement.
Totaux.......	70816	28013	42803	

La satisfaction de l'excès des besoins sur les délivrances usagères entraîne, comme on vient de le voir, la consommation de 42 803.

Le surplus (44107 — 42 803 = 1 304) de la production totale reste disponible pour l'approvisionnement des localités et usines voisines. Parmi ces dernières nous indiquerons celles de la maison de Dietrich, à Niederbronn, qui, en y comprenant les 11 880 et les 11 151 stères qu'elle reçoit dans les forêts de Sturzelbronn et de Mouterhausen dépendant du domaine de Bitche, demande en moyenne au combustible ligneux, depuis six ans, une alimentation énorme de 140 541 stères, à laquelle concourent aussi, dans une forte proportion, les bois du département du Bas-Rhin où elles sont situées, et ceux de la Meurthe, depuis l'établissement du chemin de fer de Strasbourg.

Bois de service. — La production en bois de service que nous avons évaluée plus haut à 15072 mètres cubes de chêne et 14414 de pin, doit faire face aux besoins d'une superficie bâtie totale de 56 hectares 84 ares 51 centiares que nous devons d'abord déterminer.

De nombreuses recherches que nous avons eu personnellement l'occasion de faire ensuite des travaux de cantonnement dont nous avons été chargé dans la localité, nous ont amené à ce résultat qu'à chaque mètre carré de surface correspond en moyenne un cube de $0^m,300$ de charpente bois rond ; la durée de ces matériaux peut être évaluée à 140 ans.

D'après ces données, les besoins actuels de la consommation locale sont représentés

par. . . . . $\dfrac{36^{h},84.51 \times 0^{m \cdot c},500}{140 \text{ ans}} = 1218^{m \cdot c}$ auxquels nous ajouterons encore

5 pour cent . . . . $= \quad 61 \quad$ pour tenir compte des constructions nouvelles et des cas fortuits tels qu'in-
cendies, etc. Nous obtenons. . . . . 1279 total dans lequel le chêne et le
pin entrent en proportion égale, soit chacun pour 640 mètres cubes.

Cette consommation satisfaite, le surplus qui se répartit en 14432 mètres cubes chêne
et 13774 mètres cubes pin, reste disponible pour l'exportation qui les conduit sur essieux
en Alsace et en Allemagne.

L'intervention de ce dernier pays paraîtra peut-être étrange. Toujours est-il cependant
que la Bavière et la Prusse rhénanes, largement économes de leurs ressources en bois de
service, n'abandonnent aux coupes que les arbres tout à fait sur le retour et viennent
s'approvisionner en France des bois nécessaires à l'exploitation de leurs riches houillères
et à la construction de leurs lignes ferrées. Nous avons jugé intéressant de faire à cet
égard des recherches rendues à la fois des plus faciles et des plus certaines par les renseignements officiellement consignés dans les bureaux des douanes ouverts à l'exportation. Nous avons constaté que depuis cinq ans il était sorti annuellement en moyenne
dans les principalités de Sarreguemines et de Bitche :

1º Des chênes en grume cubant. . . . .   4698$^{m \cdot c}$
2º Des madriers de même essence.   747
3º Des pins en grume cubant.   3234
4º Des madriers de même essence.   1025
5º 31912 pièces de bois dit feuillard, mesurant de 2 à 4 mètres de
longueur et cubant approximativement.   5455

D'où il résulte que l'exportation annuelle moyenne s'élève au chiffre
énorme de. . . . .   15159$^{m \cdot c}$
dont la presque totalité est fournie par les forêts de Bitche.

§ 3. — *Du revenu actuel des forêts de Bitche et de leur valeur capitale.*

En retour des produits dont nous venons de suivre l'écoulement, la consommation
usagère et la consommation commerciale paient à l'État des redevances et des prix d'ac-
quisition dont nous allons actuellement rechercher la valeur.

Les redevances acquittées par les communes et usines usagères sont d'un produit à
peu près fixe. Il ne se modifie qu'avec les plus ou moins grandes quantités de matières

que fournissent les coupes assises par contenance. En adoptant les chiffres de délivrances portées au tableau où nous les avons précédemment consignées, les redevances correspondantes payées annuellement par la consommation usagère en retour des 39 893 stères qu'elle reçoit moyennement, sont de 19 707 francs.

Les prix obtenus de la consommation commerciale pour les 40 368 stères (sans compter les souches) de chauffage et les 29 486 mètres cubes de service, formant le surplus de la possibilité, ont suivi depuis onze ans un accroissement des plus rapides. Les résultats des adjudications indiquées ci-après l'établissent de la façon la plus évidente :

| ANNÉES. | PRODUITS | | TOTAL. |
	DES COUPES vendues sur pied.	DES COUPES de bois après façonnage.	
1847	109269 45	115745 81	225014 96
1848	129054 76	19789 60	148844 36
1849	110458 73	182885 02	293343 75
1850	164852 17	59588 37	204420 54
1851	184269 90	84596 16	268866 06
1852	202679 62	125031 77	325711 39
1853	220293 08	111850 82	332143 90
1854	218742 19	131905 21	350647 40
1855	352056 98	113072 31	465109 29
1856	348615 58	155312 91	503926 29
1857	640221 44	141392 90	760614 43
Totaux..	2689473 40	1189170 97	3878644 37

Cette marche progressive peut être rapportée à deux causes :

1° Aux grandes quantités de bois réclamées durant cette époque par l'industrie à laquelle la construction des chemins de fer donnait surtout un surcroît d'activité ;

2° À l'amélioration des voies de vidange et à la création de routes ouvrant de nouveaux débouchés.

Ces deux causes ont eu pour effet d'amener le commerce du Bas-Rhin et celui de l'Allemagne sur le marché de Bitche où les usines, régnant autrefois sans partage, semblaient ne prendre qu'à regret aux estimations de l'État les coupes qu'elles disputent aujourd'hui à la concurrence et souvent sans succès.

C'est sous ces diverses influences que, dans une période de dix ans, le revenu des forêts de Bitche s'est graduellement élevé du chiffre de 244 721 fr., représentant les redevances usagères (19 707) et le montant des ventes en 1847 (225 014) au chiffre de 780 321 fr., représentant les redevances usagères (19 707) et le montant des ventes (760 614) en 1857.

La progression régulière qu'à suivie son augmentation indique que le dernier chiffre auquel il est arrivé cette année ne doit pas être considéré comme un résultat anormal, mais bien comme une conséquence rationnelle, et ce nombre représenterait plus fidèlement que ne le ferait par exemple une moyenne déduite des onze chiffres que nous venons de donner, le revenu des forêts de Bitche, dans les circonstances actuelles. Cependant il s'élève si fort au-dessus de ceux qui le précèdent même immédiatement, ce qui tient non-seulement à l'énorme hausse de cette année, mais encore à la grande quantité de bois de service que renfermaient les coupes de l'exercice courant, que nous avons jugé plus prudent de prendre d'abord, comme expression approximative du revenu normal actuel des forêts de Bitche, la moyenne des sommes obtenues dans les trois dernières adjudications.

En procédant ainsi, nous arrivons au chiffre de 576 549 fr. ; mais pour déterminer ce revenu encore plus exactement, nous l'avons recherché en multipliant chacune des qualités de bois dans lesquelles nous avons établi que la possibilité se répartit normalement par les cours actuels des diverses unités, et nous avons obtenu les nombres ci-après :

Service....	15 072 mètres cubes, chêne, à 22 fr..................	331 584 f.
	14 414 — pin, à 11 fr..................	158 554
Chauffage [1]..	16 955 stères, hêtre quartier, à 5 fr..................	84 775
	23 413 — chêne, pin et houppier hêtre, à 2 fr. 50..	58 532

Nous avons adopté le total ainsi obtenu....................... 633 445
comme représentant le plus fidèlement possible le revenu normal cherché.

Ce chiffre, auquel nous sommes arrivé, est lui-même une garantie de l'exactitude de la marche que nous avons précédemment suivie pour évaluer la proportion des essences et celle des diverses quantités de bois, ainsi que le chiffre de possibilité adopté.

En augmentant la somme ainsi déterminée...................... 633 445 f.
de celle des redevances usagères............................... 19 707

le total.... .... 653 152
exprime aussi approximativement, qu'on peut l'obtenir, le revenu total actuel des forêts de Bitche.

[1] 40 368, Total des bois de chauffage vendus multiplié par 0,42 donne, pour la première qualité, 16 953 stères, et par 0,58, pour la deuxième, donne 23 413 stères.

De fréquentes estimations que nous avons été appelé à faire dans ces propriétés, nous ont conduit d'autre part à ce résultat, que leur revenu est à peine en ce moment de 2 p. °/₀ de leur valeur capitale.

Pour obtenir cette dernière, il y a donc lieu de multiplier par le denier 50 le revenu annuel que nous venons de déterminer.

En effectuant cette opération, nous trouvons comme expression de la valeur capitale actuelle des forêts de Bitche, la somme de 32 657 600 fr.

CHAPITRE TROISIÈME.

Production, consommation des produits. — Revenu des forêts de Bitche sous l'influence du chemin de fer de Cocheren à Haguenau.

§ 1er. — De la production.

Le faible rendement de 4 stères à 4 et demi à l'hectare qui a été adopté *à priori* comme base de la possibilité des forêts de Bitche, il y a environ trente ans, quand on est revenu au traitement de futaie, a été, à cette époque, judicieusement choisi. En effet, en l'absence d'un personnel assez nombreux pour s'adonner aux longues recherches qu'eût exigées la détermination de la possibilité faite suivant les règles de la science, le mieux était de s'arrêter à une production évidemment inférieure à la réalité.

Ce parti présentait les nombreux avantages de restaurer plus promptement ceux des peuplements que venaient d'épuiser les exploitations de taillis; d'éviter de mettre des produits trop considérables à la disposition d'une consommation encore hésitante; enfin de placer en réserve jusqu'à l'apparition de plus larges besoins, les épargnes emmagasinées par une sage économie.

Depuis quelque temps les exigences chaque jour croissantes des industries comme aussi celles des massifs qui demandaient à être débarrassés de trop abondantes réserves qui entravaient leur essor, ont forcément amené les exploitations à enlever 5 stères par hectare.

Cette augmentation du chiffre de la possibilité n'est cependant pas suffisante.

Les vastes travaux de semis et de plantations qui ont été exécutés, notamment depuis une dizaine d'années, la densité des peuplements, la durée plus longue adoptée pour les révolutions, comme aussi les recherches directes auxquelles nous avons eu occasion de nous livrer, nous permettent de l'affirmer avec une pleine conviction. Sans nul doute, les travaux d'aménagement qui seront entrepris dans ces forêts, une fois le cantonnement des usagers actuellement en cours d'exécution terminé, élèveront au minimum leur rendement à 6 stères et demi.

Nous ne pensons pas cependant qu'il serait avantageux de l'adopter dans l'état actuel des voies de communication qui, n'ouvrant qu'un bassin extrêmement resserré à l'écoulement des produits, les frappent d'une énorme dépréciation.

Les hauts-fourneaux des forges et les fours des verreries peuvent, il est vrai, facilement tenir tête à la végétation ligneuse; mais nos bois ne sont pas seulement des bois à brûler, et cependant, déjà aujourd'hui, les usines sidérurgiques convertissent en charbon, non-seulement tout le hêtre propre au chauffage, première qualité, et à l'industrie, mais encore certaines pièces de pin et de chêne. Ces deux dernières essences sont à vil prix, puisque leurs cours sont inférieurs d'environ cent pour cent à ceux qu'elles atteignent à Metz, Strasbourg et Sarrebruck, respectivement éloignés de 110, 74 et 48 kilomètres seulement. Si elles n'avaient comme nous l'avons vu, la ressource de porter sur les marchés bavarois et prussien leurs précieuses charpentes dont la France, qui en a si grand besoin cependant, ne peut profiter, elles seraient en grande partie débitées pour être employées à la fusion de la fonte ou du cristal.

La consommation étrangère qui seule soutient leurs cours, menace même de leur être enlevée dans un prochain avenir. Le réseau de chemins de fer qui couvre l'Allemagne et dont les mailles se resserrent chaque jour davantage, permet déjà au bois de service de la Haute-Bavière et même de la Bohême, de venir leur faire concurrence jusqu'à Sarrebruck et à Deux-Ponts. Et il est à prévoir que quand la section de ligne ferrée qui se construit de Gminden à Wasserbourg par Saltzbourg, sera livrée au transit, ils fermeront ces deux débouchés à nos produits, privés d'une voie similaire de transport, comme déjà ceux de la forêt Noire, amenés par les chemins badois, leur ont presque complétement fermé celui de Strasbourg.

Il résulte de ces considérations sommaires mais décisives, qu'on ne peut songer à élever les produits des forêts de Bitche, qu'à la condition de pouvoir disposer d'un chemin de fer pour les écouler.

Celui projeté de Cocheren à Haguenau les traverserait dans leur plus grande longueur. Nous raisonnerons dans les développements qui vont suivre, comme si ce railway était construit et pouvait être utilisé pour leur exportation.

La première conséquence forestière de l'ouverture de cette ligne serait donc de permettre d'abattre annuellement une quantité de bois en rapport avec la possibilité, et les coupes, au lieu d'être basées sur un rendement de 5 stères, enlèveraient 6st,5 par hectare, de façon que le chiffre cherché de la production future monterait de trente pour cent, soit de 126 000 à 163 800 stères qui se répartiraient, comme il suit, entre les diverses qualités de bois :

19 594 mètres cubes chêne, au lieu de.......................... 15 072

18 738   —   pin service.... .... 14 414

60 113 stères bois tendres, houppiers, chêne, pin et hêtre........ 46 241

44 226   —   quartier hêtre................................. 34 020

enfin, 4 860 -- souches................................ 3 739

Nous ferons observer que, constamment en garde contre le danger de tomber dans l'exagération, nous n'avons pas, pour établir cette augmentation, modifié la proportion qui existe actuellement entre les qualités service et chauffage des essences chêne et pin. Il est cependant bien certain que par suite de l'adoption de révolutions plus longues, non-seulement la production en matière sera augmentée, mais qu'encore une notable partie du matériel passera de la catégorie du bois de feu dans celle, d'une valeur bien supérieure, du bois d'œuvre.

§ 2. — *De la Consommation.*

Afin de ne pas multiplier les hypothèses, nous admettrons que la consommation locale, tant usinière que domestique, que nous avons déterminée précédemment et trouvée (*v. Chap. II*, § 2), pour le chauffage, de 70 816 stères + 11 880 stères usagers délivrés à une usine du Bas-Rhin, ensemble, 82 696, et pour le service, de 1 279 mètres cubes, ne sera pas modifiée par suite de l'établissement du rail-way. Il est bien vrai que la fabrication des usines sera vivement stimulée par l'écoulement plus facile ouvert à leurs produits, mais, d'autre part, leur alimentation en combustible végétal ne sera-t-elle pas ralentie par suite de l'élévation inévitable de sa valeur ?

En présence de ces deux causes agissant en sens contraire, nous pensons demeurer autant que possible dans le vrai, en admettant que la consommation ligneuse restera ce qu'elle est aujourd'hui, et que l'industrie empruntera au combustible minéral les nouvelles quantités de chaleur que demandera une consommation plus considérable.

D'autre part il n'est pas à craindre que, par une communication plus facile avec les houillères allemandes, elle en vienne jamais à substituer le charbon de terre à celui de bois, car c'est ce dernier qui donne à ses produits la qualité supérieure qui les fait rechercher.

La supposition que nous avons admise nous paraissant suffisamment justifiée, nous la prendrons pour base des développements qui vont suivre.

Les besoins de la consommation locale satisfaits, il restera disponible pour l'exportation :

En chauffage (109199—82 696) ou 26 503 stères, généralement hêtre quartier, puisque c'est surtout le charbon fourni par le bois de deuxième qualité qui est recherché par les usines.

En service. . . . . (19 594 — 640) ou 18 954 mètres cubes chêne.
              (18 738 — 640) ou 18 098   —   pin.

Ces diverses qualités de bois rencontreront dans le chemin de fer lui-même un premier et large consommateur qui, d'abord, pendant toute la durée de sa construction y trouvera, à des prix modérés, puisque son influence en tant que voie de transport ne se fera pas encore sentir, d'abondantes ressources.

On calcule que l'établissement d'un kilomètre de rail-way entraîne l'emploi de 200 mètres cubes de bois rond pour traverses, et de 50 mètres cubes de bois équarri, ou 100 mètres cubes de bois rond pour travaux d'art, palissades, stations, maisons de garde.

Les 73 kilomètres qui séparent Cocheren de Haguenau exigeront donc 21 900 mètres cubes qui, si on met, comme il est probable, trois ou quatre ans à les construire, seront facilement fournis par les forêts de Bitche, puisqu'actuellement l'injection du pin et du hêtre, au moyen du sulfate de cuivre, permettra de les employer avec de grands avantages pour les travaux de chemins de fer.

L'apparition de ce nouveau consommateur, avec des besoins si étendus, amènera une hausse immédiate sur les produits qu'il recherchera. Mais cette hausse aura l'avantage de ne se produire que successivement, et ne dira son dernier mot qu'une fois, que, grâce au nouvel embranchement, Bitche se trouvera immédiatement relié aux deux têtes de la ligne principale de l'Est : Strasbourg distant de 74 kilomètres, Paris de 511; enfin, à 112 kilomètres de Metz et à 66 seulement de Sarrebruck.

Les forêts qui l'environnent se trouveront ainsi placées dans la sphère d'attraction de ces grands centres de consommation, et leurs produits, en échange de leur utilité, trouveront d'abord sur le dernier de ces marchés, et ensuite, suivant les circonstances, sur les trois autres, des prix réellement rémunérateurs qu'ils n'ont point jusqu'à présent rencontrés.

§ 3. — *Du revenu.*

Connaissant les nouvelles quantités de bois que l'établissement du chemin de fer permettrait d'exploiter dans les forêts de Bitche, il s'agit, pour trouver leur revenu, de fixer les prix qu'atteindront les unités des diverses qualités de ces bois.

Nous rechercherons d'abord, comme point de départ, quelle serait, au cours actuel, la valeur des produits donnés par la nouvelle possibilité.

Nous trouvons en première ligne :

1° 39893 stères livrés aux usagers pour une redevance de............ 19 707 f.

2° Le surplus de la production, chauffage, 109199 — 39893 = 69306, renferme : 4860 stères, souches délivrées et portées pour mémoire ; les 64446 (69306 — 4860) restant, contiennent 58 p. %, ou 37379 stères de bois, deuxième qualité, à 2 fr. 50............................. 93 448

et 42 p. %, ou 27067, de première qualité, à 5 fr................. 135 335

3° Les produits, service, se composent de 19594 mètres cubes, chène bois rond, à 22 fr... 431 008

et de 18738 mètres cubes, pin bois rond, à 11 fr.................. 206 118

nous arrivons ainsi au total de................................. 885 676

Comme expression du revenu que donneraient les forêts de Bitche, dans l'hypothèse où leur possibilité étant portée à 6st,5 par hectare, leurs produits ne se déprécieraient pas et s'écouleraient dans les mêmes conditions que celles actuellement existantes.

Ce chiffre obtenu, nous allons maintenant rechercher quel cours il serait permis d'espérer une fois le chemin de fer établi, pour les mêmes quantités et espèces de bois. Nous aurons ainsi les éléments nécessaires pour évaluer le revenu probable que donneraient alors les forêts dont nous nous occupons.

Ces recherches sont, on le comprend, d'une nature extrêmement délicate. Nous pressentons que les résultats auxquels nous arrivons, pourront paraître exagérés. Aussi, sentons-nous le besoin d'exposer avec quelques détails qui la feront apprécier, la marche que nous avons suivie.

Nous avons, dès le début de ce travail, divisé les produits des forêts de Bitche en deux catégories : ceux absorbés par la consommation locale, ceux demeurant disponibles pour l'exportation.

Nous nous occuperons d'abord des seconds qui sont les plus importants et pour lesquels nous possédons des données de l'exactitude desquelles nous sommes assuré. Nous commencerons par rechercher à quel prix s'élèverait l'unité de chaque qualité de bois.

Il résulte de renseignements certains que nous nous sommes procurés à Sarrebruck, que les houillères et les chemins de fer allemands, qui sont en ce moment et pour longtemps encore nos plus importants consommateurs, paient le *mètre cube de chêne* rendu en gare dans cette dernière ville 110 fr. (le m. c.), équarri au cinquième. Il revient au marchand à 44 fr. dans la coupe, le transport jusqu'à Bitche lui coûte 10 fr., puis de Bitche à Sarrebruck, à cause des difficultés de la route, longue seulement de 48 kilomètres, 30 fr.; si bien qu'il retire en définitive par mètre cube un bénéfice brut de $110^f - 84 = 26$ fr. (Il n'y a pas lieu de tenir compte des droits de douane à l'exportation, qui ne sont que de $0^f,24^c$.; ils doivent être prochainement supprimés.)

Si au lieu de transporter ce produit sur essieux, on pouvait le conduire par voie de fer, il traverserait un parcours alongé total de 66 kil.; son poids étant en moyenne de 900 kilog. et ayant à acquitter $0^f,05^c$ par tonne et par kiloomètre il supporterait des frais de transport représentés par

$$66^k \times 0^f,05 \times 0^t,900 = 2^f,97$$

au lieu de ceux montant à 30 fr., qu'il acquitte actuellement.

En admettant que le producteur et le consommateur retirent chacun moitié de ce bénéfice, la part de l'État sera de 18 fr. par mètre cube équarri, ou de 9 fr. par mètre cube bois rond dont le prix s'élèvera ainsi de 22 à 31 fr., chiffre que nous adopterons.

Le *mètre cube de pin* se paie à Sarrebruck 60 fr. au cinquième. Il revient au marchand à 22 fr. dans la coupe. Le transport jusqu'à Bitche lui coûte 7 fr., puis de Bitche à Sarrebruck 20 fr., pesant $0^t,600$, il n'aurait à supporter par chemin de fer que des frais représentés par

$$66^k \times 0,05 \times 0^t,600 = 1^f,98.$$

Le bénéfice de 18 fr. ainsi réalisé, laisserait au propriétaire un avantage de 9 fr. par mètre cube équarri ou $4^f,50$ par mètre cube, bois rond, qui élèverait le prix de ce dernier de 11 à 15 fr., nombre entier.

Le stère de hêtre chauffage vaut dans la coupe 5 fr. et à Strasbourg 12 fr., déduction faite des droits d'octroi. Son transport sur essieux coûterait 7 fr. (c'est dire qu'il est impraticable); sur wagon son poids étant de 600 kilog. et le parcours de 74 kilomètres, il reviendrait à $74^k \times 0,05 \times 0^t,600 = 2^f,22$.

Le bénéfice de 4,78 ainsi réalisé, laisserait au propriétaire un avantage de 2,36 par stère de hêtre qui élèverait son prix de 5 à 7 fr., nombre rond.

Converti en charbon, le même bois reviendrait au maximum à 20 fr. le mètre cube, pesant 240 kilog. et pourrait être facilement conduit à Paris où il se paie 43 fr., puisque les frais à ajouter en sus s'élèveraient pour le transport à $511 \times 0,05 \times 0,240 = 6^f,13$, et pour l'octroi, à.. 6 »
____
ou en somme seulement à 12 13

qui laisserait au propriétaire un avantage de $\dfrac{25 - 12}{5}$ ou au moins 3 fr. par stère.

Enfin, ce bois, s'il était injecté au moyen du sulfate de cuivre, comme tout donne lieu de supposer qu'il sera fait bientôt, acquerrait une valeur minima de 16 fr. par mètre cube rond, ou de 10 fr. par stère, et prendrait ainsi, au profit de l'État, une plus-value énorme de 5 fr. par unité ; mais, afin de ne pas nous écarter de la modération que nous avons constamment gardée dans nos appréciations, nous ne ferons pas entrer en ligne de compte cette circonstance qui cependant se produira à coup sûr.

Après avoir recherché quelle influence la ligne de fer pourrait exercer sur les prix des bois destinés à l'exportation, nous allons examiner son action sur les cours de ceux réclamés par la consommation locale.

Nul doute, d'abord pour les produits similaires (chêne et pin service, hêtre de première qualité), que ceux de la seconde catégorie devront être payés aussi chers que ceux de la première. Ce n'est qu'à cette condition que les besoins de la contrée pourront les disputer à ceux de l'exportation.

Quant aux *bois de deuxième qualité*, destinés à être convertis en charbon pour l'alimentation des forges, nous admettrons, puisqu'à poids égal ils ont une valeur moindre, que leur cours ne suivra pas la même progression que celui du bois de feu de premier choix. Les communes et les usines que nous avons consultées à cet égard s'attendent à une hausse de 33 p. °/₀ ; nous l'estimons néanmoins à 20 seulement, de façon que le prix du stère s'élèvera de 2 fr. 50 à 3 fr.

Maintenant que nous avons déterminé les prix des différentes unités, nous allons les rapprocher de chacun des divers produits, afin d'en obtenir successivement la valeur en argent :

39893 stères	chauffage délivrés aux usagers			19707ᶠ
4860 —	souches (mémoire)			»
37339 —	2ᵉ qualité chauffage, à 3 fr.			112017
27067 —	1ʳᵉ —	—	7	189469
19594 ᵐᶜ	chêne	—	31	607414
18738 ᵐᶜ	pin	—	15	281070

Le total ainsi obtenu 1209677

exprime le dernier mot de notre travail qui avait pour but de déterminer le chiffre auquel pourrait atteindre le revenu des forêts de Bitche par suite de la construction du chemin de fer de Cocheren à Haguenau.

CONCLUSIONS.

Si du nombre que nous venons de déterminer.................. 1209677
comme exprimant leur revenu futur, nous retranchons celui que nous
avons obtenu précédemment comme représentant le revenu............ 653152

actuel des forêts de Bitche, nous arrivons à une différence de.......... 556525
pour expression de l'accroissement que l'État peut légitimement espérer
par suite de l'établissement de la ligne de fer en ce moment sollicitée par
le département de la Moselle.

Il résulte des développements qui précèdent que l'influence du rail-way
se manifesterait de deux façons différentes.

La première, en permettant d'élever le chiffre de la possibilité; l'augmentation qui résulterait de cette circonstance serait de (*Chap. III*, § 3)
885676 — 653152...... .... = 232524

La deuxième en amenant, par suite d'une grande diminution dans les
frais de transport, à des cours plus hauts les prix de diverses unités de produits. L'accroissement qui résulterait de ce dernier mode d'action serait,
on vient de le voir, de 1209677 — 885676.. .... = 324001

La somme de ces deux avantages 556525
reproduit la plus-value totale à laquelle nous sommes arrivé pour le revenu.

Que si maintenant nous devions apprécier synthétiquement le résultat auquel l'analyse
nous a conduit, nous avons la ferme conviction qu'il est plutôt trop faible que trop élevé.
Nous n'avons, en effet, admis aucun des facteurs qui devaient entrer dans nos calculs
qu'après l'avoir évalué avec une modération extrême, qui doit se trouver reproduite
et même multipliée dans le chiffre définitif auquel nous sommes arrivé.

Enfin, afin de nous tenir en garde d'une façon plus assurée encore contre toute
erreur en plus dans l'évaluation qui nous a été demandée, nous n'avons pas fait figurer
en ligne de compte l'augmentation qui résultera, pour le revenu qui nous occupe, des
cantonnements actuellement en voie d'exécution. Nous en dirons cependant un mot qui
suffira pour faire apprécier leur importance.

Nous avons vu qu'on délivre annuellement 39873 stères de chauffage en retour desquels ils acquittent une redevance totale de 19707 fr.

Les opérations résolutoires auxquelles on procède auront pour résultat d'éteindre cette
dernière source de revenu, mais ils laisseront à l'État au moins les deux tiers des produits

que l'exercice des usagers lui enlève en ce moment, soit une quantité de 26595 stéres, renfermant 0,42 ou 11170 de bois première qualité, et 0,58 ou 15425 de deuxième.

On obtient pour la valeur de ces produits, qui entrera dans la caisse du trésor :

1° En leur appliquant les prix actuels.......... 94412—19707= 74705ᶠ

2° — les prix futurs.......... 124465—19707=104758

Ces chiffres présentent une puissante ressource pour combler le déficit que l'on pourrait appréhender entre les données que fournira la réalité et les prévisions que nous avons formulées.

Enfin ces prévisions elles-mêmes qui, en définitive, se résument en une augmentation d'environ 85 p. %, sont encore bien au-dessous du résultat acquis depuis les dix dernières années, puisque pendant cet intervalle les produits se sont élevés de plus de 250 p. %, sous l'influence de causes dont la création d'un chemin de fer stimulerait encore plus énergiquement l'activité.

Après ces développements nous pensons pouvoir considérer le chiffre de 556525 comme définitivement accepté pour l'expression la plus basse de l'augmentation du revenu des forêts de Bitche.

Si nous le multiplions par le denier 50, nous obtenons pour la plus-value capitale que prendront ces propriétés si importantes par suite de l'établissement d'une ligne ferrée, la somme de 27826250 fr., et leur valeur foncière serait ainsi portée de 33 à 60 millions.

Ce chiffre si considérable dit assez haut quelle importance doit attacher la Direction générale des forêts à la construction d'un chemin qui aurait pour cette belle partie du domaine national d'aussi fécondes ressources pour conséquence.

Ces résultats si avantageux, plus grands que nulle part ailleurs dans l'inspection de Bitche, ne s'arrêteront pas cependant à ses limites ; ils se feront encore sentir dans celles voisines de Sarreguemines, Vissembourg, la Petite-Pierre et peut-être Haguenau.

En usant de sa légitime influence pour demander au Gouvernement de prescrire l'établissement de la ligne de Cocheren à Haguenau, l'Administration des forêts, tout en remplissant sa haute mission, acquerrait de nouveaux titres à la reconnaissance de puissantes usines et de nombreuses populations industrielles qui lui doivent déjà leur origine, leurs merveilleux développements et qui lui devraient encore ainsi la garantie assurée dans l'avenir d'une prospérité étroitement liée à celle des forêts qui les environnent.

L'Inspecteur des forêts, chef de Commission de cantonnement,

Signé : A. DE SCHWARZ.

RAPPORT SUPPLÉMENTAIRE.

L'an mil huit cent cinquante-huit, le dix-huit du mois de février,

Nous, soussigné, Alfred de Schwarz, inspecteur des forêts, chef de commission de cantonnement,

Vu la lettre N° 10056, en date du 13 de ce mois, par laquelle M. le Conservateur des forêts à Metz, nous invite à examiner comme complément au rapport que nous avons rédigé à la date du 18 décembre 1857, « sur l'influence qu'aurait pour les forêts de Bitche l'établissement d'un chemin de fer qui partirait de Cocheren pour aboutir à Haguenau : »

« 1° Si cette voie ferrée, en offrant aux nombreuses usines de la localité les moyens
» de se procurer de la houille à très-bas prix, ne ferait pas subir aux bois propres à
» leur alimentation une dépréciation qui compenserait, au moins en partie, l'excédant
» présumé du bois d'œuvre et de chauffage; »

« 2° L'influence qui résulterait, pour les forêts de l'inspection de Sarrebourg, d'un
» second tracé projeté qui relierait cette dernière ville à la section de Cocheren; »

Avons l'honneur d'exposer ci-après les résultats de l'examen de ces deux questions, en donnant à cette nouvelle étude la forme de notes additionnelles destinées à être réunies à notre rapport du 18 décembre, et à les compléter suivant les prescriptions de l'Administration.

Note A. *La voie ferrée de Cocheren à Haguenau, en donnant aux nombreuses usines de la localité des moyens de se procurer de la houille à très-bas prix, ne ferait-elle pas subir aux bois propres à leur alimentation une dépréciation qui compenserait, au moins en partie, l'excédant présumé du bois d'œuvre et de chauffage?*

Nous avons prévu cette question et y avons répondu, sommairement, il est vrai, en énonçant d'abord au paragraphe 2 du chapitre III du rapport qui précède, « qu'il » n'est pas à craindre que, par une communication plus facile avec les houillères alle- » mandes, les usines en arrivent jamais à substituer le charbon de terre à celui de bois, » car c'est ce dernier qui donne précisément à leurs produits les qualités supérieures » qui les font rechercher. »

Et plus loin, au paragraphe 3 du même chapitre :

. . . . « Le commerce et les usines que nous avons consultés sur l'augmen- » tation des bois de charbon, s'attendent à une hausse de 30 p. °/₀, nous l'estimerons » à 20 seulement. »

Notre conviction à cet égard était tellement profonde, que nous avons précisément omis de donner les développements nécessaires à l'intelligence de ces assertions qui nous semblaient porter l'évidence avec elles pour tous comme pour nous, qui venons d'étudier pendant plus de cinq ans le pays qui nous occupe, si intéressant au double point de vue forestier et industriel.

Nous allons, en conséquence, chercher à justifier dans les développements qui vont suivre l'opinion que nous avons exprimée.

D'abord nous rappellerons (*Chap. III, § 3*) que les produits et revenus actuels des forêts de Bitche consistent en :

29486 mét. c. de bois de service d'une valeur de . . . . 490138 ᶠ

16955 stères de hêtre quartier   —   84775

23413 — charbon   —   58532

                     vendus pour 633445

Plus 39893 — chauffage délivrés contre une redevance de 19707

                     Soit ensemble 653452

Produits et revenus actuels des forêts de Bitche.

Nous avons vu (*Chap. III*, § 3) que sous l'influence d'un chemin de fer ces produit et revenu prendraient l'augmentation ci-après :

Leur produit et leur revenu sous l'influence d'un chemin de fer.

38332 mèt. c. de bois de service d'une valeur de	....	888484 f
27067 stères	hêtre quartier	—	....	189469
37339 —	charbon	—	....	112017

qui seraient vendus pour.................. 1189970

Plus 39893 — chauffage délivrés contre une redevance de...... 19707

Soit ensemble.................. 1209677

Nous avons dit que si de ce dernier total nous retranchions le premier   653152 Plus-value.

la différence obtenue... 556525
exprimerait la plus-value qu'acquerrait, suivant nous, le revenu des forêts de Bitche, par suite de la construction d'un chemin de fer de Cocheren à Haguenau.

Nous devons actuellement établir que ce chiffre ne sera pas atténué par l'accès plus facile qu'ouvrira à la houille le rail-way projeté. Justification du chiffre d'augmentation trouvé.

Les détails dans lesquels nous allons entrer feront ressortir la modération des bases que nous avons adoptées et, par conséquent, du résultat final auquel nous sommes arrivé.. 556525 f.

Si nous analysons cette augmentation, en la rapprochant du résumé qui précède, nous voyons :

1° Que les bois de service, chêne et pin, y entrent pour 888484 —490138 ou... 398346 f Comment il se décompose.

2° Les bois de quartier hêtre et divers pour 189469—84775 ou.... 104694

3° Les bois de charbon pour 112017—58532 ou................. 53485

Total égal.............. 556525

Cela posé, nous allons chercher à justifier successivement l'évaluation de chacun des trois éléments ou nature de produits qui concourent à le former : Examen de chacun des éléments qui concourent à le former.

Le premier, donné par les bois de service...................... 398346
et qui est de beaucoup le plus considérable, puisqu'il entre dans l'accroissement signalé pour 71 p. %, reste tout entier, puisqu'évidemment l'introduction plus ou moins facile de la houille ne peut avoir aucune influence sur la valeur des bois de construction, attendu que les deux produits sont complètement hétérogènes et qu'il ne peut jamais être question de substituer l'un à l'autre.

Il n'en est plus de même pour le second article à l'égard duquel nous allons entrer dans d'assez longs développements. Bois de quartier.

Cet article, qui s'élève à une augmentation de .... 104 694 f.
repose sur la consommation de 27 067 stères de quartier : hêtre pour les 0,9, bois blanc
pour l'autre dixième.

Quartier tremble. Nous nous occuperons d'abord de cette dernière catégorie dans laquelle entrent approximativement 2 700 stères de tremble.

Ils sont consommés par trois fabriques d'allumettes. La première, située à Bitche,
en emploie 500 stères qui suffisent à ses besoins. Les deux autres, qui se trouvent,
l'une (*Lauth et Couturier*) à Sarreguemines; l'autre (*Ziegler et C*ie) à deux kilomètres
de cette dernière ville, recherchent les 2 200 qui forment le surplus et sont bien loin
de répondre aux exigences de leur production qui est annuellement de trois milliards
cinquante millions d'allumettes.

Cette fabrication réclame 3 500 stères de bois, chacun d'eux produisant un million
d'allumettes. Le déchet dans la débite s'élève à un cinquième du bois mis en œuvre, ou
à 700 stères qui sont employés, avec une force additionnelle produite par 400 tonnes de
houille, à l'alimentation des machines à vapeur des deux usines.

Grâce à ces trois fabriques, le bois blanc a, depuis quelques années, suivi une hausse
des plus rapides : son prix s'est élevé du dernier rang au premier. L'introduction du
charbon minéral, qui ne peut être utilisé pour le même emploi, n'exercera absolument
aucune influence sur sa valeur.

L'établissement d'un rail-way ne pourra que développer son mouvement ascensionnel,
non-seulement en procurant aux fabriques de Sarreguemines une grande économie sur
leurs frais de transport, mais encore en permettant à deux autres usines similaires
établies l'une à Wissembourg et l'autre, récemment, à Forbach, de comprendre les
forêts de Bitche dans leur bassin d'approvisionnement qu'elles ont rétréci vers la France,
depuis que les chemins de fer étrangers leur permettent d'atteindre aux massifs boisés
de la Bavière et de la Prusse rhénane.

Il résulte des développements qui précèdent, que des 27 067 stères quartier qui composent le second élément d'augmentation, 2 707 ou le dixième formé par le bois blanc
restera complétement en dehors de l'influence de l'accès plus facile ouvert à la houille,
et que l'accroissement du revenu $\frac{104694}{10} = 10469$ francs qui lui correspond, peut être
considéré comme définitivement acquis.

Quartier hêtre. Les 24 360 stères qui forment le surplus des bois de la catégorie que nous examinons,
sont presqu'exclusivement consommés par la cristallerie de Saint-Louis et les verreries
de Meisenthal et de Gœtzenbruck, dont les besoins dépassent de 25 678 les ressources
(9 522 stères) fournies aux deux premières par les affectations dont elles jouissent
(*Chap. II*, § 2).

L'opinion que ces usines ne peuvent employer d'autre combustible que les bois et même que les bois de toute première qualité, est acceptée comme incontestable, par ce motif que les matières étrangères contenues dans la houille et notamment le soufre, altèrent la pureté du cristal et du verre. Nous pourrions donc nous appuyer sur elle pour établir, *à priori,* que le charbon minéral ne pourra jamais remplacer les 24360 stères dont nous avons en ce moment à suivre la consommation.

Mais un séjour de plus de trois mois que nous avons fait au milieu des usines verrières, pendant que nous étions chargé du cantonnement des forges de Mouterhausen et qui nous a mis à même de suivre leur fabrication, a complétement modifié l'opinion que nous avons acceptée à cet égard.

Appréhendant de voir réduire les ressources de son affectation, la cristallerie de Saint-Louis a tenté, en 1853, des essais de fusion à la houille, en faisant usage de vases clos. Ils ont complétement réussi, si bien qu'en 1854 elle a construit un premier four marchant au charbon minéral; en 1855, un second; en 1856 et 1857, deux autres, de façon qu'elle avance à grands pas vers une adoption complète du charbon de terre.

Quelques chiffres puisés à une source certaine, feront comprendre sans peine les avantages de cette substitution forcément adoptée depuis longtemps par les Anglais et les Belges.

De nombreuses expériences d'abord, et ensuite une fabrication qui date maintenant de quatre années, ont établi à Saint-Louis que 350 kilog. de houille produisent le même effet utile que 2st,60 de billettes de bois de hêtre première qualité.

Or, d'une part, la houille coûte à la mine de Louisenthal (tarif officiel du 29 novembre 1857), 5 thalers, ou 18 fr. 75 c., le fuder de 1 500 kilog. ou 12^f,50 la tonne chargée, et revient à 35 fr. rendue au tisard des fours, soit, pour les 350 kilogrammes . . . . 12 f. 25 c.

D'autre part, le stère de bois, amené au même tisard, coûte, pour abattage, façonnage, transport, 3 fr., soit pour 2st,60 7   80
____

Si on déduit ce second chiffre du premier, la différence 4   45
exprime la valeur, comparativement à la houille, de 2st,60 de bois sur pied.

Il en résulte que pour que la cristallerie pût employer le bois avec autant d'avantages que le charbon minéral, il faudrait que le prix du stère descendît à $\frac{4,45}{2,60}$ ou 1^f,71.

La consommation de Saint-Louis a d'ailleurs été en 1857, en combustible végétal, de 27 000 stères, et en combustible minéral de 5 tonnes de coke et de 3 738 tonnes de houille.

Ces chiffres n'ont pas besoin de commentaire.

Les verreries de Gœlzenbruck et de Meisenthal sont entrées dans la même voie et ont obtenu des résultats analogues.

On ne peut donc se dissimuler, sans fermer obstinément les yeux à la lumière, que dans un temps qui ne peut être bien éloigné, et indépendamment de la construction du chemin de fer, ces trois puissants consommateurs qui, par la lutte qu'ils ont soutenue contre les usines métallurgiques, ont élevé le revenu des forêts de Bitche à un chiffre si considérable, abandonneront le marché à leurs rivales qui y régneront sans concurrence au grand préjudice de l'État.

Il est donc de la dernière urgence, pour que les produits dont nous nous occupons ne subissent pas un avilissement qui les ferait descendre au rang du bois à charbon, qu'une voie de transport économique leur permette d'atteindre les grands centres de population, tels que Strasbourg, Metz et Paris.

Aussi, dans notre rapport (*Chapitre III, § 5*), est-ce dans cette hypothèse que nous avons raisonné pour établir la plus-value que prendraient ces produits par suite de la construction du chemin de fer ; nous ne nous sommes, sans entrer dans les détails spéciaux qui précèdent, nullement appuyé sur l'augmentation de prix qu'il y avait à attendre de la consommation locale, mais sur celle qui résulterait de l'élargissement du bassin de consommation. Et encore pour traduire notre appréciation en chiffres, avons-nous fait abstraction de Paris, qui présentait une augmentation de 3 fr. par stère, pour adopter celle de 2 fr. seulement que nous trouvions à Strasbourg.

Il nous serait facile, en reprenant les bases que nous avons choisies, de montrer combien elles sont modérées. Nous ne le ferons pas, afin de ne pas entrer dans de trop longs développements.

Cependant nous ferons observer que nous nous sommes borné à indiquer l'augmentation qui pourrait résulter pour le hêtre de l'injection par le sulfate de cuivre, sans néanmoins le faire entrer en ligne de compte.

Toutefois, nous ajouterons, puisque l'occasion nous en est offerte, que nous avons consulté à cet égard M. André, qui a traité avec le docteur Boucherie, pour exploiter son procédé dans le Haut et Bas-Rhin, la Meurthe et la Moselle. Il nous a répondu que si le chemin projeté se construisait, il établirait dans les forêts de Bitche des ateliers d'injection sur lesquels il paierait le mètre cube de hêtre 22 fr., comme sur celui qu'il exploite à Haguenau depuis quelques années.

En supposant que le quart seulement des 24360 ou 6090 stères, équivalant à 3066 mètres cubes dont le placement nous préoccupe, reçût cette destination, ils auraient sur le chantier une valeur de 3806 $\times$ 22 == .... 82732 f.

À reporter..................... 82732

Report.................. .... 82 732 f.

Si nous en déduisons :

1° 3 fr. par mètre cube pour frais de transport.......   4 418 ⎫
2° 11f,20 par mètre cube et représentant la valeur de   ⎬ 54 045
1f,60 de chauffage à 7 fr. sur pied...................   42 627 ⎭

le reste.. 29 687
exprime la quantité qu'il y aurait réellement lieu d'ajouter au chiffre de... 104 684

inscrit dans notre rapport pour obtenir l'augmentation totale............ 134 371
qu'il y a lieu d'attendre, pour les bois de quartier, de la construction d'un chemin de fer,
en prenant pour point de comparaison la valeur actuelle. Mais nous rappellerons, en
terminant ce paragraphe, que cette valeur est menacée par la substitution résolue par
l'industrie verrière du charbon minéral au combustible ligneux, et que si un rail-way ne
vient permettre d'exporter ce produit et d'en faire passer une notable partie dans la
catégorie du bois d'œuvre, l'état de choses actuel ne se maintiendra même pas, il des-
cendra dans celle du bois à charbonner et il subira une forte dépréciation.

Nous pensons pouvoir conclure, des développements qui précèdent, que le chiffre de
104 694 auquel nous avons arbitré l'augmentation du bois de quartier par suite de l'établissement du chemin de fer, qui entre dans l'accroissement total pour 19 p. %, est loin
d'être trop élevé; que celui de 134 371, déterminé ci-dessus, l'exprimerait encore plus
fidèlement; et, enfin, qu'il est entièrement indépendant de l'introduction dans le pays
d'une quantité de houille plus considérable que celle qui y pénètre actuellement.

Le troisième et dernier élément d'augmentation qui nous reste à examiner, s'élève à   Bois de charbon.
53 485 fr. et forme à peine 10 p. % de l'augmentation générale signalée.

Il est fourni par 37 339 stères de bois de charbon. Au premier abord il semble que la
valeur de ce produit doive être sensiblement affectée par l'arrivée de la houille en abondance et à bas prix qui permettrait aux usines métallurgiques de lui substituer avec avantage cet économique et puissant combustible.

Il n'en est cependant pas ainsi; nous l'établirons facilement en indiquant les conditions forcées de fabrication dans lesquelles se trouvent ces usines dans le pays de
Bitche.

Ces établissements considérables, qui datent de près de deux siècles et ont été fondés
par la famille de Dietrich, qui les possède encore, n'ont à leur disposition qu'un minerai très-pauvre qui, mélangé à celui qu'ils reçoivent par le Rhin du duché de Nassau,
ne rend en moyenne que 26 à 28 p. % et coûte au gueulard des hauts-fourneaux 33 fr.
la tonne.

Les usines similaires du département, situées le long de la Moselle, paient la même quantité, 3 à 4 fr. au maximum.

D'autre part, la houille revient aux premières à 35 fr., aux secondes à peine à 17 fr.

Il est évident qu'avec des écarts aussi considérables entre les prix des deux matières premières les plus importantes, toute lutte est impossible entre ces divers établissements sur des produits similaires.

Ce n'est qu'à la condition de les alimenter au charbon de bois que la maison de Dietrich peut tenir ses nombreux hauts-fourneaux allumés. Le résumé ci-dessous de sa production en 1857, relevé sur ses registres, en donnerait, s'il le fallait, une preuve convaincante.

Ses fourneaux ont produit 10 236ᵗ 000
de fontes au charbon végétal, auxquelles par suite du manque de combustible ligneux elles ont ajouté, en les achetant. 1 115 000

également obtenues au bois.

Ces. 11 351 000
ont produit en marchandises vendues. 8 456 000
dont. 5 200 856
consistaient en fontes moulées, mécaniques, fourneaux et poteries, et 3 255 144
en tôles, bandages et aciers, etc.

Sur cette seconde quantité. 836 000
ont été fournies au commerce et à l'artillerie après avoir été affinées au charbon de bois ; et le surplus 2 419 144
ont été livrées au commerce (tôles), et aux chemins de fer (bandages et aciers), après avoir été affinées au moyen de 12 705ᵗ 375ᵏ de charbon minéral.

On le voit donc, toutes les fontes de cette maison sont obtenues au charbon de bois ainsi qu'une notable partie des fers qui en proviennent.

Aussi, depuis cinq ans, ces usines ont consommé les quantités de bois consignées au tableau ci-après, qui indique en même temps leur provenance.

ANNÉES.	INSPECTION DE BITCHE.			AUTRES FORÊTS.	TOTAL.	OBSERVATIONS.
	AFFECTATIONS	COUPES.	BOIS FAÇONNÉS			
1851	20440	18245	9519	44829	92861	* Les chablis ont
1852	28189	21156	8297	78817	155459	beaucoup augmenté
1855	50174	18185	54745 *	83087	106787	les produits en 1855.
1854	49456	16102	11602	95672	142457	
1855	29195	12461	7259	88559	147587	
1856	26425	28675	16478	»	16017	
Total..	155879	114800	87728	486841	845248	

Il résulte de l'examen du tableau ci-dessus que les forges de Niederbronn ont, en moyenne, depuis six ans, brûlé 140541 stères de bois fournis, savoir : 59400 (affectations 25646, bois achetés 33755) par l'inspection de Bitche; 81141 par d'autres forêts bien plus distantes des usines que celles de cette dernière.

C'est cette énorme fabrication au bois qui a placé les établissements de la maison de Dietrich à la tête des forges françaises. La médaille d'honneur qu'elle a obtenue à l'Exposition universelle, distinction qui n'a été accordée qu'à deux autres usines sidérurgiques étrangères, a établi son incontestable supériorité ; aussi jouit-elle du privilége presqu'exclusif de fournir les bandages de wagons aux compagnies de chemins de fer et ne suffit-elle pas, pour ne citer qu'un seul de ses articles, à produire des tôles qui sont enlevées à 600 fr. quand les autres usines les placent difficilement à 400 fr.

Alors même que les houilles, par suite de la construction du rail-way projeté, lui arriveraient à aussi bon compte (17 francs) qu'aux autres usines de la Moselle, le prix de revient de son minerai demeurerait toujours le même, et elle n'irait pas entreprendre contre elles, en fabricant des fontes d'une qualité inférieure, une lutte impossible.

En obtenant une grande réduction sur le combustible minéral et sur l'expédition de ses produits, elle serait à même, et c'est son projet, d'augmenter la fabrication spéciale où elle domine si incontestablement. Grâce à la construction de la ligne de Paris à Strasbourg, elle va déjà aujourd'hui compléter ses approvisionnements jusqu'à Sarrebourg, où, cette année encore, elle a pris 12000 stères qui, sans compter leur conduite en gare, ont dû parcourir 105 kilomètres en wagon, et en moyenne ensuite 40 kilomètres sur essieux pour arriver à ses fourneaux. Cette circonstance indique assez de quel prix sont pour elle les bois à charbon des forêts de Bitche, au milieu desquels ses divers établissements sont situés, et démontre irrésistiblement qu'elle ne les remplacera jamais par le combustible minéral. Elle s'attend à les voir hausser considérablement parce que le chemin de fer permettra aux autres forges de venir les lui disputer à leurs prix actuels, mais leurs cours dussent-ils doubler, tripler même, elle ne laissera jamais enlever à ses hauts-fourneaux ces produits qu'elle nomme si justement *leur pain quotidien.*

Il résulte de ces considérations, resserrées autant que possible, que l'augmentation du bois à charbonner que nous avons évaluée à 53 485 fr., loin d'être affectée par l'accès plus facile offert aux houilles étrangères, ne pourra que s'élever en permettant à de nouveaux consommateurs de venir les disputer aux usines qui les consomment seules actuellement et en mettant ces dernières à même de développer leur fabrication, puisque le chemin proposé leur fournira une voie d'écoulement moins dispendieuse et leur donnera, à plus bas prix, le combustible minéral nécessaire pour l'affinage des fontes qu'elles continueront à produire forcément au bois.

Résumé.   Il ressort, nous le pensons, des considérations qui précèdent, qu'en ouvrant le pays de Bitche à la houille à bon marché, chacune des diverses espèces de produits ligneux qu'il fournit acquerra l'augmentation que nous avons énoncée dans le rapport qui précède et qui se traduit en chiffres :

Pour le bois de service... par 398 346ᶠ

  — de quartier .. — 104 694

  --- à charbonner — 53 485

et que l'accroissement total de 556 525

paraîtra plutôt inférieur qu'égal même à celui qu'on peut légitimement espérer par suite de la construction projetée du chemin de fer de Cocheren à Haguenau.

NOTE B. — *Quelle influence aurait, sur les produits de l'Inspection de Sarrebourg, une ligne de chemin de fer qui réunirait directement cette dernière ville à la station de Cocheren ?*

Renseignements statistiques sur l'inspection de Sarrebourg.   L'Inspection forestière de Sarrebourg renferme une étendue de 34 061 hectares, qui se répartissent comme il suit entre leurs divers propriétaires :

Aux particuliers 15 000ʰ

Aux communes 4 279

A l'État 14 782

Ces derniers consistent en 3 200 hectares de sapinière et 11 582 d'essences feuillues où le hêtre domine.

Leur production annuelle moyenne est de :

1°... 8442 mètres cubes chêne service et industrie;

2°... 15835 — résineux, id.;

Ensemble 24277 — service équivalant à.................. 38843st

3° Stères chauffage.. 63096

Le total de la possibilité en stères.............................. 101939
divisé par l'étendue 14782 hectares, donne pour le rendement annuel à l'hectare le chiffre de 6st,896.

Le prix moyen de chaque unité de marchandise est:

Pour le mètre cube de service chêne.............................. 35f

Id. résineux.............................. 25

Pour le stère de chauffage.............................. 7

Leur comparaison avec les mêmes données fournies par l'inspection de Bitche.

Si nous comparons ces données statistiques à celles fournies par l'inspection de Bitche, nous voyons qu'à Sarrebourg :

1° Le rendement de l'hectare dépasse de 38 p. %, le rendement actuel (5st) de l'hectare à Bitche, et de 6 p. %, son rendement futur (6st,50) annoncé ;

2° Que les prix des bois (35f, 25f, 7f) sont respectivement supérieurs de 59 p. % pour le chêne, de 127 p. % pour les résineux, de 91 p. % pour le chauffage, aux cours actuels (22f, 11f, 3f,55) des produits similaires à Bitche;

3° Que ces mêmes prix (35f, 27f, 7f) sont supérieurs de 13 p. % pour le chêne, de 66 p. % pour les résineux, de 40 p. % pour le chauffage, à ceux auxquels nous avons évalué (31f, 15f, 4f,68) que s'élèveraient les mêmes produits à Bitche sous l'influence d'un chemin de fer.

Cette comparaison indique encore combien notre appréciation a été modérée, puisque la construction de la ligne de Cocheren à Haguenau placerait les forêts de Bitche dans des conditions à peu près identiques à celles où se trouvent aujourd'hui celles de Sarrebourg, cependant avec cette différence, dont les prix ci-dessus tiennent exagérément compte, que dans la seconde l'essence résineuse est fournie par le sapin, et dans la première par le pin-silvestre.

Explication de l'écart qui existe entre les valeurs des mêmes produits.

L'écart énorme qui existe à Bitche et à Sarrebourg, distants seulement de 54 kilomètres environ, entre les valeurs des produits ligneux similaires est facile à s'expliquer.

En effet, il suffit d'examiner avec attention le croquis ci-joint sur lequel nous avons figuré les deux tracés en présence, ainsi que les chemins de fer et les voies navigables qui sillonnent la contrée qui fait l'objet du rapport qui précède.

L'étude de ce plan indique que l'inspection de Sarrebourg jouit dès à présent, pour l'écoulement de ses produits, de tous les modes imaginables d'exportation, tellement, qu'il est impossible qu'aucune autre division forestière les possède plus complétement réunis.

Nous allons les indiquer successivement :

1° La grande artère ferrée qui réunit Strasbourg à Paris avec ses trois embranchements :

> Sur le Palatinat, par Wissembourg ;
>
> Sur les Vosges, par Lunéville ;
>
> Sur la Prusse, par Metz et Forbach ;

2° Ensuite le canal qui longe la ligne de l'Est, en faisant communiquer le Rhin avec la Marne ;

3° Enfin, la Sarre qui la traverse dans sa longueur et par laquelle ses bois descendent par Sarrebruck, arrivent jusqu'à Trèves où ils rencontrent la Moselle qui les mène droit au Rhin, à Coblentz.

137 trains, dont nous avons relevé le passage à Sarreguemines, dans le cours de l'année 1857, exceptionnellement défavorable à la navigation, indiquent suffisamment l'importance de cette dernière voie, si avantageuse, de transport.

Cette énumération est, à elle seule, une conclusion qui établit incontestablement la complète inutilité qu'aurait, au point de vue des intérêts forestiers, un rail-way qui relierait à Sarrebruck les forêts de l'inspection de Sarrebourg, quand déjà cette dernière possède réunis, un chemin de fer avec trois embranchements, un canal, enfin une rivière parfaitement flottable.

L'embranchement dont il s'agit serait une superfétation, si l'on considère que le marché prussien où il aboutirait est déjà ouvert à ses produits, par la bifurcation de Metz, comme voie rapide ; par la Sarre, comme voie économique. Il est vrai que la première, d'une longueur de 200 kilomètres, est plus dispendieuse que celle qu'il s'agit d'établir, puisque celle-ci, d'un parcours de 69 kilomètres seulement, serait de 139 kilomètres plus courte. Cette abréviation abaisserait de 6f,18 à 2f,13 les frais de transport, 0f,05 par kilomètre, du mètre cube pesant 600 kilogrammes débité en planches, mais par la voie fluviale ils ne sont que de 0f,36, puisque le coût du flottage ne s'élève pas à plus de 0f,01 sur l'unité de longueur pour une distance approximative de 60 kilomètres jusqu'à Sarrebruck.

De plus, ce deuxième mode de transport présente, en dehors de son économie, deux grands avantages. Le premier est de donner aux bois flottés, ici presque tous résineux, une qualité supérieure, et d'en permettre plus promptement la mise en œuvre. Le second, c'est que, tout en ouvrant le marché prussien à nos produits ligneux de service, il n'offre pas aux houilles étrangères, qui ne peuvent remonter le cours de la Sarre, accès sur le nôtre, de façon que l'Administration n'a pas à craindre avec lui pour les bois de feu, si importants, de l'inspection de Sarrebourg, la concurrence qu'elle redoutait pour ceux qui le sont beaucoup moins, de l'inspection de Bitche.

Nous pensons superflu de donner de plus longs développements aux considérations décisives qui précèdent. Un concours vraiment unique de voies de transport de toute nature assure aux produits de l'inspection de Sarrebourg un écoulement aussi facile qu'économique et leur a déjà permis d'atteindre toute la valeur à laquelle ils peuvent prétendre.

À côté d'elle se trouve l'inspection de Bitche entièrement déshéritée, où, la création d'une de ces voies nouvelles d'exportation, amènerait dans un prochain avenir des résultats d'autant plus grands que jusqu'à présent elle a été complétement exclue de leur action si puissante.

Appelée à se prononcer sur l'étendue de l'influence que la ligne de fer à construire produirait sur les revenus forestiers, selon qu'elle suivra l'un ou l'autre des tracés vers lesquels les intérêts particuliers la sollicitent, l'Administration supérieure, nous le croyons, ne saurait hésiter à se prononcer, avec la légitime autorité qui lui appartient, pour la construction de l'embranchement qui réunirait, en traversant le riche massif des forêts de Bitche, la station de Cocheren à celle de Haguenau.

Sarreguemines, le 22 février 1858.

L'Inspecteur des forêts, chef de Commission de cantonnement,

Signé : A. DE SCHWARZ.

RAPPORT

DE

L'INGÉNIEUR EN CHEF DE LA MOSELLE

SUR LES

RÉSULTATS DE L'ENQUÊTE

RELATIVE AU PROJET D'UN

CHEMIN DE FER DE DIEUZE A FAULQUEMONT

SUIVI

D'UN PARALLÈLE ENTRE LES DIVERS PROJETS

DE

PROLONGEMENT DE LA LIGNE DES ARDENNES

VERS L'ALSACE ET L'ALLEMAGNE

ET DE

JONCTION DES HOUILLÈRES DE LA SARRE ET DE LA MOSELLE AU CANAL DE LA MARNE AU RHIN.

L'enquête ouverte sur le projet de chemin de fer de Dieuze à Faulquemont est sortie des limites étroites auxquelles paraissait devoir la restreindre cet embranchement isolé. Elle a donné lieu à l'examen général de la question de jonction de la ligne de Sarrebruck à celle de Strasbourg, soit par Dieuze, soit par Sarrebourg, soit par Sarreguemines, Niederbronn et Haguenau; elle a été l'occasion de nouvelles observations présentées sur l'utilité du canal des salines ou des houillères de la Sarre, canal commencé en 1806, non encore terminé, et qui, prenant de plus grandes proportions, relierait Sarrebruck non-seulement à Dieuze, mais au canal de la Marne au Rhin.

Enfin, le chemin de fer à créer a été considéré comme l'un des éléments du chemin de Lille au Rhin, en prolongement de la ligne des Ardennes, c'est-à-dire, de la ligne internationale qui doit assurer aux ports maritimes et au territoire français, le mouvement de transit entre l'Angleterre et l'Allemagne.

Le cercle de la discussion ayant été ainsi étendu, l'Ingénieur en chef soussigné a été conduit, pour présenter son rapport sur les questions générales soulevées par l'enquête du chemin de Dieuze, à attendre l'achèvement des études qui viennent d'être faites dans la direction de Sarreguemines, Niederbronn et Haguenau, direction qui intéresse le plus le département de la Moselle, et qui fait en même temps partie de la ligne française la plus courte de Calais au Rhin vers Carlsruhe, Stuttgart, Munich et Vienne.

Ces études que la maison de Dietrich et Cie, de Niederbronn, a été autorisée à faire, sont aujourd'hui terminées, elles permettent de réduire à leur juste valeur les difficultés de la traversée des Vosges de ce côté, et il sera rendu compte ci-après de l'ensemble de ce projet comme se rattachant à l'objet principal du présent rapport.

Première Partie.

ENQUÊTE

SUR LE

CHEMIN PROJETÉ DE DIEUZE A FAULQUEMONT.

Instructions pour l'enquête.

Son Exc. le Ministre de l'Agriculture, du Commerce et des Travaux publics a autorisé l'ouverture de l'enquête sur le chemin de fer projeté de Dieuze à Faulquemont, par dépêche du 15 avril 1857, adressée à M. le Préfet de la Moselle, et ainsi conçue :

« Monsieur le Préfet, lorsqu'en 1852 l'administration des anciennes salines de l'Est
» présenta les projets de trois lignes de chemin de fer, partant de Dieuze et aboutissant
» à Champigneulles, à Réchicourt-le-Château et à Faulquemont, des oppositions se mani-
» festèrent contre ces projets qui durent être dès lors abandonnés.

» Depuis, la Compagnie des salines ayant annoncé l'intention de se borner à l'exé-
» cution d'un simple embranchement de Dieuze sur la ligne de Frouard à Sarrebruck,
» vers Faulquemont, pour le service de ses établissements, vous avez reconnu que, ré-
» duit à ces proportions, le projet n'était pas de nature à soulever les mêmes oppositions
» qu'en 1852, et j'ai autorisé en conséquence la Compagnie à compléter, comme elle le
» demandait, les études dudit embranchement.

» Je viens de recevoir l'avant-projet, résultat de ces études, et j'ai l'honneur, Monsieur
» le Préfet, de vous le transmettre en double expédition, en vous priant de procéder à
» l'enquête prescrite par le titre 1er de la loi du 3 mai 1841, suivant les formes
» tracées par le titre 2 de l'ordonnance réglementaire du 18 février 1834. »

Cette enquête a été ouverte pendant un mois à Metz et à Sarreguemines, par arrêté préfectoral du 20 avril 1857, et la Commission nommée pour examiner les observations présentées, a exprimé son avis dans un procès-verbal clos le 29 juin suivant.

La Compagnie des Salines a étudié divers tracés rattachant Dieuze à la ligne de Metz à Sarrebruck, et, parmi ces tracés, celui qu'elle préfère passe à Vergaville, Benestroff, entre dans le département de la Moselle près de Virming, traverse la route impériale N° 74, près de Gros-Tenquin, et aboutit sur la ligne de Sarrebruck, non pas à Faulquemont mais à Téting, entre Faulquemont et Saint-Avold, à environ 5 kilomètres de l'une et de l'autre de ces deux stations.

Détails du projet
et
Observations
de
l'Ingénieur en chef
sur le
tracé présenté.

La longueur de ce tracé est de......................... 32 680 mètres,
dont, dans le département de la Moselle, environ 15 kilomètres.

Le maximum des inclinaisons est de 12^{mill},5 par mètre.

Il n'y a ni souterrain ni ouvrage d'art important.

Les terrassements, sauf la tranchée de Benestroff, sont peu considérables.

Le chemin n'est projeté qu'à simple voie, même pour les terrassements et ouvrages d'art.

Les dépenses sont évaluées, savoir :

	ÉVALUATION	
	TOTALE.	PAR KILOMÈTRE.
Pour terrains et ouvrages	1 800 000^r	55 045^r
Pour la voie de fer, matériel roulant, etc.	2 200 000	67 275
Total................	4 000 000	122 320

Les produits sont estimés d'après un mouvement annuel présumé de... 60 000 tonnes
en houille, sels, produits chimiques, céréales, bois, etc., et de.. 36 000 voyageurs.

Le tarif demandé est celui des chemins de fer de l'Est.

11

L'Ingénieur en chef, soussigné, fait au point de vue de l'art, sur l'ensemble du projet, l'observation qu'il serait facile de réduire les inclinaisons au maximum de 10 et même de 8 millimètres, et qu'il y aurait lieu d'examiner s'il ne serait pas plus aisé de passer au col de Dordal qu'à celui de Benestroff.

Quant au tracé en plan, quelques rectifications seraient possibles, notamment entre Gros-Tenquin et Téting, où la facilité du terrain commande, pour ainsi dire, l'adoption d'une seule ligne droite.

L'ensemble de ces rectifications permettrait de réduire la longueur du parcours de Dieuze à Téting à moins de............................... 31 000 mètres
(au lieu de 32 680 mètres).

Observations présentées à l'enquête

Les observations présentées pendant l'enquête n'ont porté en rien sur le tracé même du projet de la compagnie, mais sur l'utilité restreinte de l'entreprise et sur le tort que ferait son exécution à d'autres projets qui intéressent essentiellement le département de la Moselle.

Les Conseils municipaux des communes de Gros-Tenquin et Bertring, directement traversées par la ligne projetée sont les seuls qui aient appuyé ce projet; tous les autres avis et délibérations lui sont contraires.

Le Conseil municipal de Saint-Avold considère « que le projet de Dieuze enlèverait
» à l'arrondissement de Sarreguemines et à la ville de Saint-Avold le tracé de Lille à
» Strasbourg qui fait depuis plusieurs années l'objet de leurs espérances. »

Le Conseil municipal de Sarreguemines expose de même « que le chemin de Téting
» à Dieuze, serait dans un avenir prochain prolongé vers Réchicourt, deviendrait le lien
» entre la ligne des Ardennes à Thionville et la ligne de Strasbourg, et empêcherait,
» malgré un alongement de parcours, la création du chemin projeté par Sarreguemines,
» Niederbronn et Haguenau, qui est indispensable à la prospérité de l'arrondissement in-
» dustriel de Sarreguemines. »

Le Conseil municipal de Metz se prononce dans le même sens. Il s'en réfère à sa délibération du 13 septembre 1855, relative à l'enquête ouverte sur les projets de la Compagnie du Nord-Est et sur celle de Lille à Strasbourg.

« Et il émet l'avis que le prolongement vers Strasbourg, du chemin récemment
» concédé de Sedan à un point de la ligne de Thionville, doit traverser le département
» de la Moselle en passant par les nouvelles houillères de la Moselle, par Sarreguemines
» et les établissements industriels du pays de Bitche, et repousse le projet soumis à l'en-
» quête de Téting à Dieuze aussi bien que le tronçon étudié de Cocheren à Sarrebourg,
» comme étant l'un et l'autre contraires aux intérêts du pays. »

Le registre de l'enquête ouverte à Sarreguemines a reçu les réclamations motivées d'un grand nombre d'industriels et d'habitants, « qui font ressortir tout l'intérêt qu'il y
» a à relier la ligne de Sarrebruck à celle de Strasbourg, en passant à Sarreguemines,
» Bitche, Niederbronn et Haguenau, et le tort que causerait à leurs industries la préfé-
» rence donnée au projet de Téting à Dieuze et à Réchicourt. »

Deux lettres sont en outre jointes au dossier : l'une de M. Walter, représentant des verreries de Gœtzenbruck, « qui prévoit que dans un temps rapproché toutes les usines
» à feu de la contrée seront obligées de se servir de houille, et qu'elles ne pourront sou-
» tenir la concurrence avec les verreries du Lyonnais et du Nord, si le chemin de fer
» projeté ne vient à leur secours. »

L'autre lettre est de M. Lang, directeur des forges de Styring (de la maison de Wendel), « qui repousse le projet de Téting à Dieuze, comme contraire aux exploitations houillères
» du département, et ajoute que le tracé favorable doit, à partir de la ligne de Thion-
» ville, traverser ces exploitations, se diriger vers Cocheren, puis de Cocheren aboutir
» à Haguenau et *non à Sarrebourg*, attendu que cette dernière section, quoique plus
» courte à construire, *a le tort de laisser de côté la partie la plus industrielle de l'arron-*
» *dissement de Sarreguemines.* »

La Chambre de Commerce de Metz « rappelle sa délibération du 17 mars 1853, par
» laquelle elle s'est opposée à la concession du chemin de fer de Faulquemont à Dieuze
» et à Réchicourt, parce qu'il serait contraire aux intérêts industriels de l'arrondissement
» de Sarreguemines et, notamment, par le motif qu'il tendrait à remplacer le canal des
» houillères de la Sarre, qui serait beaucoup plus utile aux intérêts généraux du pays,
» et qui est le complément nécessaire du canal de la Marne au Rhin. »

La Chambre a persisté à l'unanimité dans cette délibération, en ajoutant « que le chemin
» de fer de Dieuze porterait obstacle non-seulement à l'achèvement du canal des houil-
» lères, mais à l'exécution du chemin de fer destiné à mettre en *communication directe*
» *l'Océan avec le Rhin*, en passant à Sarreguemines et dans le pays de Bitche où il des-
» servirait les établissements industriels si importants et si nombreux de cette contrée. »

Les discussions de la Commission d'enquête nommée par arrêté préfectoral du 20 avril 1857 et l'avis de cette commission sont consignés dans deux procès-verbaux de ses séances des 30 mai et 29 juin suivants.

M. le Directeur des salines de Dieuze, répondant devant la Commission à l'opposition de la Chambre de Commerce de Metz, reconnaît que l'exécution du canal dit des houil- lères avec la branche de l'ancien canal des salines, serait plus profitable aux établissements de Dieuze que le chemin projeté, en livrant les houilles à un plus bas prix, mais il dit que ce canal se rattachant aux houillères de Sarrebruck laisserait à l'écart en majeure partie le bassin houiller de la Moselle; il pense en conséquence que le chemin projeté doit lui être préféré.

M. le Directeur des salines déclare aussi que son administration n'a pas l'intention d'arrêter à Dieuze le chemin venant de la ligne de Sarrebruck, mais de le prolonger ultérieurement jusqu'à Avricourt ou Réchicourt[1], et que ce chemin prend ainsi un caractère d'utilité générale en desservant non-seulement Dieuze, mais encore les usines situées au delà, telles que Cirey, Saint-Quirin, Walerysthal, Baccarat et les Vosges, par la ligne d'Épinal.

Il ajoute que la Compagnie des salines persiste dans sa demande en concession de cette ligne de Téting à Dieuze, à prolonger vers Avricourt; mais se fondant sur l'opinion émise par la Commission d'enquête de la Meurthe, il déclare que les Salines adhéreront au projet de chemin de fer de Cocheren à Sarrebourg, sous la condition que le tracé de ce chemin s'inclinerait vers Loudrefing, avant Mittersheim, pour permettre un embranchement sur Dieuze, par l'une des berges de l'ancien canal des salines.

Les conclusions de la Commission d'enquête sont résumées ainsi qu'il suit :

« La Commission décide qu'il n'y a pas lieu de déclarer l'utilité publique du chemin » de Téting à Dieuze, ce chemin n'intéressant que Dieuze.

» La Commission examinant ensuite la question soulevée par M. le Directeur des sa» lines de Dieuze, de prolonger le chemin de Téting à Dieuze jusqu'à Avricourt, ou de » se rattacher subsidiairement par la direction de l'ancien canal des salines au projet de » Cocheren à Sarrebourg,

» Considérant que l'exécution de l'un et l'autre de ces deux projets léserait de la » façon la plus grave les intérêts de la Moselle;

» Que les intérêts de ce département veulent que le chemin de Lille à Strasbourg » soit exécuté en suivant le tracé qui a été demandé tant par le Conseil général du dé» partement que par la Chambre de Commerce de Metz, par les Conseils municipaux de » la ville de Metz et des communes les plus importantes de la Moselle, et par les diverses » commissions d'enquête de 1855;

---

[1] La distance de Dieuze à Avricourt est d'environ.................................... 23 kilomètres.
Celle de Téting à Dieuze est réduite à... 31 —

La longueur totale de la ligne de Téting à Avricourt par Dieuze, serait ainsi de.......... 54 —
D'après la faible estimation présentée par l'administration des salines, pour la partie de Téting à Dieuze, la dépense s'élèverait à moins de... 7 000 000 f
pour un chemin à simple voie de Téting à Avricourt.

» Que l'embranchement proposé de Téting à Avricourt empêcherait à tout jamais la
» construction de la partie de ce chemin comprise entre Saint-Avold, Sarreguemines,
» Bitche et Haguenau;

» Que cependant ce dernier tracé présente au plus haut degré tous les caractères
» d'utilité publique; qu'il est le chemin le plus court de la Manche à l'Allemagne; qu'il
» dessert les usines les plus importantes du pays, le bassin houiller de la Moselle, les
» forges de Styring, Mouterhausen, Behrenthal, Niederbronn, les faïenceries, les fabriques
» de peluche et autres manufactures de Sarreguemines, les verreries et cristalleries de
» Saint-Louis, Meisenthal et Grœtzenbruck, et avant tout l'agglomération de 80000 hec-
» tares de forêts, dont 40000 appartiennent à l'État; qu'il complète le système de dé-
» fense du territoire en reliant les places fortes de Dunkerque, Lille, Valenciennes,
» Douai, Mézières, Sedan, Longwy, Metz, Bitche, aux lignes de Wissembourg et à
» Strasbourg;

» Émet l'avis qu'il ne soit accordé, entre la ligne de Metz à Forbach et celle de Metz
» à Strasbourg, aucune concession de chemin suivant un tracé autre que celui depuis
» longtemps demandé, et qui passe par Sarreguemines, Bitche et Niederbronn. »

Le Conseil général de la Moselle, dans sa séance du 31 août 1857, s'est associé à l'avis émis par la Commission d'enquête contre le projet de chemin de fer de Téting à Dieuze et à Avricourt.

Avis
du Conseil général
de la Moselle.

Se prononçant sur la question d'ensemble du chemin de fer qui doit prolonger la ligne de Sedan vers l'Alsace, ce conseil demande :

« 1° Que le prolongement du chemin de la ligne de Sedan sur l'embranchement de
» Metz à Thionville, soit dirigé de manière à desservir le mieux possible les nouvelles
» houillères du département, dans la partie comprise entre l'embranchement de Thion-
» ville et celui de Forbach, en passant par Boulay;

» 2° Pour la partie comprise entre l'embranchement de Forbach et la ligne de l'Est,
» que ce tracé soit dirigé, non sur Sarrebourg, mais sur Haguenau, en passant par Sar-
» reguemines, le pays de Bitche et Niederbronn, réservant ainsi la faculté d'un tracé
» direct sur Carlsruhe, qui réunirait, par la voie la plus courte, Londres et les ports de
» la Manche à Munich, Vienne, le Danube et Constantinople ;

» 3°...

» 4°...

» 5° Que le chemin de Sedan se rattache à la ligne de Thionville à Metz, par le point
le plus rapproché de cette dernière ville, suivant le vote émis lors des enquêtes de 1856. »

Le Conseil général, dans une séance précédente, celle du 26 août, à la suite d'un rap-

port détaillé de sa Commission des Travaux publics, avait « renouvelé le vœu si souvent
» exprimé que le canal des houillères soit exécuté le plus promptement possible, et prié
» M. le Préfet de s'entendre avec ses collègues du Haut et du Bas-Rhin, de la Meurthe,
» de la Meuse, de la Marne et de la Haute-Marne, pour solliciter du Gouvernement une
» subvention en faveur de la compagnie qui se chargerait de ce travail. »

On a vu par les déclarations faites à la Commission d'enquête, que l'administration
des salines de Dieuze est sortie des limites dans lesquelles l'enquête sur le chemin projeté
de Dieuze à Faulquemont, a été autorisée par décision ministérielle du 15 avril 1857. Il
ne s'agit plus pour elle, ainsi que l'entendait formellement cette décision, d'un simple
embranchement de Dieuze sur la ligne de Metz à Sarrebruck vers Faulquemont, mais
bien comme en 1852, de deux sections formant un chemin continu de Faulquemont
ou Téting à Avricourt par Dieuze, c'est-à-dire, d'une jonction entre la ligne de Sarrebruck
et celle de Strasbourg, défavorable aux intérêts du département de la Moselle.

Dans ces conditions, les diverses oppositions qui se sont manifestées après l'enquête
de 1852, se sont reproduites et subsistent dans toute leur force, et l'Ingénieur en chef,
soussigné, exprime aujourd'hui comme alors avec la Commission d'enquête et avec le
Conseil général de la Moselle, un avis contraire au projet présenté par l'administration
des salines de Dieuze.

Quant aux questions générales soulevées par le projet, elles vont être examinées
ci-après.

Deuxième Partie.

PARALLÈLE ENTRE LES DIVERS PROJETS

DE

PROLONGEMENT DE LA LIGNE DES ARDENNES VERS L'ALSACE ET L'ALLEMAGNE

ET DE

JONCTION DES HOUILLÈRES DE LA SARRE ET DE LA MOSELLE AU CANAL DE LA MARNE AU RHIN.

Le point auquel doit aboutir sur la ligne de Metz à Thionville le chemin de Sedan, n'est pas encore déterminé, toutefois, d'après les avant-projets de la Compagnie de l'Est, cette jonction se ferait à la station d'Uckange, à 20 kilomètres de Metz et à 6 kilomètres de Thionville. *Prolongément du chemin de fer de Sedan au delà de la ligne de Thionville.*

Le rapport fait à l'Empereur par S. Exc. le Ministre de l'Agriculture, du Commerce et des Travaux publics, le 10 juin 1857, a annoncé que le chemin des Ardennes doit, au delà de la ligne de Thionville, être prolongé vers l'Alsace et l'Allemagne : aucun tracé n'est encore arrêté à cet égard, mais le prolongement *direct*, à partir d'Uckange vers la ligne de Forbach, rencontre sur le terrain des obstacles dans la hauteur des faîtes et la profondeur de la vallée de la Canner qu'il faudrait franchir en suivant la ligne droite et que l'on peut éviter en passant plus au Sud. Cette circonstance et l'avantage de se rapprocher du chef-lieu du département, comme l'a demandé le Conseil général de la Moselle, font supposer que l'on empruntera la ligne actuelle de Thionville jusqu'aux environs de la station de Maizières à 10 kilomètres des portes de Metz; on peut, de cette station, suivre le tracé ponctué indiqué sur la carte jointe au présent rapport et qui passe à Boulay, traverse le bassin houiller de la Moselle nouvellement découvert et aboutit près de Cocheren sur la ligne de Forbach.

De Cocheren, vers l'Alsace et l'Allemagne, deux tracés principaux se trouvent en présence : l'un, par Puttelange, aboutit à Sarrebourg sur la ligne principale de Paris à Strasbourg, et l'autre, par Sarreguemines, Bitche et Niederbronn, aboutit à Haguenau sur la ligne de Strasbourg à Wissembourg.

Le choix à faire entre ces deux tracés a donné lieu à de nombreux mémoires et publications de la part des intéressés, et à cet examen s'est naturellement rattachée l'importante question de l'exécution du canal dit des houillères de la Sarre.

Canal des houillères de la Sarre.

Le projet du canal des houillères remplace et complète l'ancien canal des salines, dont les travaux commencés en vertu d'un décret du 15 avril 1806, ont été suspendus en 1814. Le nouveau canal relierait Sarrebruck au canal de la Marne au Rhin à Gondrexange; sa longueur, y compris la partie de la Sarre canalisée, de Sarrebruck à Sarreguemines, serait de .... 81 kilom.

La branche sur Dieuze aurait, depuis Mittersheim, une longueur de 18500 mètres, soit 19

Total............. 100 kilom.

Le point d'embranchement de Gondrexange se trouve à 66 kilomètres de Nancy et à 82 kilomètres de Strasbourg.

La dépense a été évaluée par les ingénieurs du département de la Meurthe, qui en ont présenté l'avant-projet à................................... 10 millions somme qui répond à un chiffre moyen de 100000 fr. par kilomètre.

Les enquêtes ouvertes sur ce projet en 1841 lui ont été partout favorables, et une convention a été arrêtée avec la Prusse, pour l'exécution à sa charge de la partie qui traverse le territoire prussien et pour l'exécution à frais communs de la partie mitoyenne en aval de Sarreguemines.

Ce canal desservirait directement les établissements industriels de Sarreguemines, les salines de Sarralbe, Saltzbronn et du haras, dans la Moselle, celles de Dieuze, dans la Meurthe, et établirait, avec les canaux de la Marne au Rhin et du Rhône au Rhin, une voie navigable économique et continue depuis les houillères de la Sarre jusqu'à Strasbourg et Mulhouse d'une part, jusqu'à Nancy, Bar-le-Duc et Vitry-le-François d'autre part.

Son exécution est depuis un grand nombre d'années l'objet constant des vœux des Conseils généraux des départements de la Moselle, de la Meurthe, du Haut-Rhin, du Bas-Rhin, des Vosges, de la Meuse, de la Marne et de la Haute-Marne; mais le Conseil général de la Meurthe a demandé en 1857 l'exécution du chemin de fer de Cocheren à Sarrebourg à la place du canal des houillères.

Chemin de fer de Cocheren à Sarrebourg.

Le décret du 17 août 1853, relatif au chemin de Paris à Mulhouse, a donné à la Compagnie de l'Est un droit de préférence pour la concession du chemin de Cocheren à Sarrebourg, dans le cas où le Gouvernement jugerait utile d'accorder cette concession.

Le tracé de ce chemin étudié par la compagnie, a une longueur de 60 kilomètres depuis son embranchement sur la ligne de Sarrebruck, entre Cocheren et Béning, jusqu'à

son raccordement avec la ligne de Strasbourg, près de la station de Sarrebourg,
ci . . . .   60 kilom.
et la longueur de l'embranchement sur Dieuze, qui a son origine à Mit-
tersheim, au même point que l'embranchement du canal, est à porter,
comme pour celui-ci, à   19   —

Longueur totale . . . .   79 kilom.

M. Jaquiné, ingénieur en chef du chemin de fer et du canal dans le département de
la Meurthe, estime la dépense du chemin principal et son embranchement à 14 millions ;
le chemin principal étant exécuté sur une largeur de deux voies, mais une seule voie
étant mise en place et l'embranchement entièrement à simple voie.

On admet ici ce chiffre, mais on ne pense pas que l'on construise à Petit-Eich, près
de Sarrebourg, un double raccordement des lignes vers Strasbourg et vers Nancy, attendu
que les embranchements de Blesmes, Epernay, Frouard, Blainville et Vendenheim, sont
tous exécutés avec une seule courbe de raccordement : le seul exemple sur les lignes
de l'Est, d'un raccordement double ou, pour mieux dire, *extérieur*, existe à la gare de
Metz ; mais c'est une gare de *rebroussement* pour toutes les directions et le même motif
n'existe pas à Sarrebourg.

Ainsi l'on supposera, pour le calcul des distances, que la réunion du chemin de
Cocheren avec la ligne de Strasbourg aura lieu à la gare de Sarrebourg, qui, d'après le
tableau officiel des distances kilométriques du réseau de l'Est, est à 71 kilomètres de la
gare de Strasbourg, et à 79 kilomètres de celle de Nancy.

Le tracé entre Cocheren et Sarrebourg ne présente pas de difficultés particulières,
mais il est assez accidenté, et le maximum des pentes de l'avant-projet est de 12 millimètres par mètre.

L'Ingénieur en chef, soussigné, ne discute pas ici les détails du tracé projeté, qui ne
dessert directement que Puttelange et s'éloigne de la vallée de la Sarre pour faciliter
l'embranchement sur Dieuze en passant à Mittersheim, c'est-à-dire, qu'un chemin qui, en
définitive, doit réunir Sarrebruck à Sarrebourg, abandonne toutes les villes intermédiaires
situées sur la Sarre, et ne passe ni à Sarreguemines, ni à Sarralbe, ni à Sarre-Union,
ni à Fénétrange. Les habitants de ces deux dernières villes ont publié un mémoire pour
réclamer contre le projet de passage à Mittersheim, et la Chambre de Commerce de Nancy
a si bien compris que la ville de Sarreguemines ne pouvait être laissée à l'écart, qu'elle
suppose qu'un embranchement particulier y serait dirigé.

La Chambre de Commerce de Strasbourg a de même, en se prononçant pour l'adoption du chemin de Cocheren à Sarrebourg, exprimé l'avis qu'un embranchement devrait
être dirigé de Haguenau sur Niederbronn.

12

La longueur de l'embranchement de Sarreguemines serait, depuis Faréberswiller, d'environ . . . . 15 kilom.

Celui de Niederbronn, depuis Haguenau, d'environ. . . . 19 —

Ensemble. . . . . 34 kilom.

dont on estime la dépense à peu près à. . . . . 7 millions

pour une largeur de deux voies avec une seule voie posée.

Ainsi, dans la pensée même des partisans de la combinaison de Cocheren à Sarrebourg, cette combinaison entraînerait les constructions suivantes :

Pour le chemin principal. . . . . 60 kilom.

 — l'embranchement de Dieuze. . . . . 19 —

 — celui de Sarreguemines . . . . 15 —

 — — Niederbronn. . . . . 19 —

Total. . . , ... 113 kilom.

et les estimations s'élèvent en tout à (14 + 7 millions). . . . . 21 millions.

Chemin de fer de Cocheren à Haguenau.

MM. de Dietrich et Cie, maîtres de forges à Niederbronn, ont été autorisés, par une décision ministérielle du 9 novembre 1855, à procéder à leurs frais aux études d'un chemin de fer partant de Haguenau et se dirigeant, par Niederbronn et Bitche, vers les houillères de Bavière et de Prusse.

Ces études ont été faites jusqu'à la frontière bavaroise, vers Deux-Ponts, par M. Feuerstein, conducteur des ponts et chaussées, actuellement chargé des fonctions d'ingénieur à Saint-Étienne ; M. Eug. Thomas, conducteur principal des ponts et chaussées, faisant fonctions d'ingénieur à Sarreguemines, a été autorisé, par une autre décision ministérielle, du 30 juin 1857, à les continuer dans le département de la Moselle ; ces études viennent d'être terminées, non-seulement jusqu'à la frontière prussienne que le tracé touche à Sarreguemines, mais jusqu'à Cocheren, sur la ligne de Forbach, au point de départ du chemin de Cocheren à Sarrebourg.

On a ainsi tous les éléments pour apprécier dans ses détails le tracé et les dépenses du chemin de fer de Cocheren à Haguenau.

Les difficultés sont loin d'être aussi grandes qu'on le supposait.

Le maximum des pentes et rampes est de 12^{mill},5 par mètre, à peu près, comme au profil en long de Cocheren à Sarrebourg, dont la première partie est commune, sur environ 5 kilomètres avec le chemin de Haguenau. L'inclinaison dans les souterrains est réduite au maximum de 8 millimètres par mètre. Le nombre des souterrains n'est que de deux :

L'un au passage du Pfaffenberg, près de Bitche, a une longueur de.... 1 000ᵐ

L'autre, près de Petit-Rederching, de............................. 726

Sommes des longueurs des souterrains........... 1726ᵐ

Si l'on voulait porter les limites de pentes à 15 millimètres au lieu de 12ᵐⁱ¹,5, ces longueurs en tunnel seraient réduites respectivement à 700 mètres et 400 mètres, ou ensemble à 1100 mètres.

La longueur du tracé de Haguenau à Cocheren se décompose ainsi :

De Haguenau à Niederbronn.....................	18 685ᵐ	39 470ᵐ
De Niederbronn à Bitche.......................	20 785	
De Bitche à Sarreguemines.....................	31 485	51 885
De Sarreguemines à Cocheren..................	20 400	

Longueur totale de Haguenau à Cocheren....... 91 355ᵐ

Les détails estimatifs des deux avant-projets de MM. Feuerstein et Thomas s'élèvent, y compris des sommes à valoir de $\frac{1}{10}$ et $\frac{1}{20}$ savoir :

De Haguenau à Bitche, sur 39 470 mètres à.................... 6 778 190ᶠ

De Bitche à Cocheren, — 51 885 mètres à................... 11 092 841

Ensemble............... 17 871 031

Et pour matériel roulant, sur 91 355 mètres à 20 000 fr. par kilom. 1 827 100

Total des estimations.............. 19 698 131

L'ingénieur en chef ajoute à ce chiffre une nouvelle somme à valoir de. 1 301 869

on arrive ainsi au total de.. 21 000 000ᶠ

pour 91 355 mètres de chemin de fer de Haguenau à Cocheren, soit environ. 230 000ᶠ

par kilomètre de chemin exécuté pour deux voies, mais une seule voie étant posée.

Ce chiffre est inférieur à l'estimation sommaire de 25 000 000ᶠ de M. l'Ingénieur en chef Jaquiné, mais il n'est pas trop faible: car il faut remarquer que de Haguenau à Niederbronn les terrassements ne sont, pour ainsi dire, que ceux d'une route ordinaire, et que les indemnités de terrains dans le canton et les forêts domaniales de Bitche seront peu élevées. L'on peut ajouter d'ailleurs que les avant-projets ont été faits avec beaucoup de soins, les terrassements sont exactement calculés, les ouvrages d'art sont peu importants, à l'exception d'un pont sur la Sarre et des deux souterrains assez largement évalués à 1 000 fr. par mètre courant dans le grès des Vosges; le soussigné a compté en outre une seconde somme à valoir, de plus de 1 300 000 fr. et en définitive l'estimation moyenne de 230 000 fr. par kilomètre n'est nullement en désaccord avec celle du chemin de Cocheren à Sarrebourg, et de son embranchement sur Dieuze qui, pour 79 kilomètres, s'élève à 14 millions et répond à environ 200000 fr. par kilomètre, pour le chemin principal, et 100000 fr. seulement par kilomètre pour l'embranchement.

Le tracé de Cocheren à Haguenau dessert complétement la ville de Sarreguemines avec ses nombreuses industries, la ville de Bitche et les forêts de l'État qui l'avoisinent, les forges et les usines de Niederbronn, Reichshoffen et Mertzweiller; il passe à 6 kilomètres de Puttelange, à 13 kilomètres de Sarralbe et Saltzbronn, à proximité des cristalleries et verreries de Saint-Louis, Gœtzenbruck et Meisenthal, des forges de Mouterhausen et Behrenthal; il aboutit à Haguenau, puis à la ville industrielle de Bischwiller, enfin à Strasbourg.

D'une autre part, ce tracé déjà rattaché aux houillères françaises et à celles de Sarrebruck par Cocheren, peut être directement relié à Sarrebruck, par un embranchement de 17 kilomètres, à exécuter entièrement sur le territoire prussien, à partir de Sarreguemines, et aux houillères de Bavière, par un embranchement de 24 kilomètres dirigé sur Deux-Ponts, à partir de Siersthal, près de Bitche.

Ce dernier embranchement aurait sur le territoire français, jusqu'à la frontière, 11885^m, soit... 12 kilom.

Il suit la vallée du Schwolb; l'avant-projet en a été fait avec exactitude; il serait exécuté à simple voie.

Son détail estimatif, pour la partie française, monte à 2266116 fr. soit. 2400000^f.

La Bavière aurait le plus grand intérêt à prolonger jusqu'au même point de la frontière française son embranchement de Hombourg à Deux-Ponts, qui n'est aujourd'hui qu'une impasse, ainsi qu'on peut le voir sur la carte jointe au présent rapport[1].

La possibilité de rattacher ainsi le chemin de Cocheren à Haguenau, par des embranchements peu coûteux, à la partie la plus exploitée et au centre même du bassin houiller, est un argument puissant en faveur de ce chemin par lequel toute l'Alsace, à l'exception de l'arrondissement de Saverne, est bien mieux desservie que par le chemin de Sarrebourg.

En effet, par le tracé de Sarrebourg, la distance de Strasbourg à Cocheren est de (71 + 60)... 131 kilom.
et de Strasbourg à Sarrebruck de (131 + 16)........................ 147 —

Enfin, ce tracé de Sarrebourg ne communique nullement avec les houillères bavaroises, qui sont cependant les plus rapprochées du Bas-Rhin, et dont les produits de Saint-Ingberg sont particulièrement recherchés pour les usines de ce département.

---

[1] L'embranchement de Sarrebruck à Sarreguemines, qui ne serait en quelque sorte que le prolongement des chemins de fer d'exploitation des mines de houille, remplacerait au besoin, dans ce trajet si court, la Sarre canalisée de Sarrebruck à Sarreguemines.

Et par le tracé de Haguenau, la distance de Strasbourg à Cocheren est
de (34 + 92) .... 126 kilom.

de Strasbourg à Sarrebruck, par Sarreguemines de (34 + 72 + 17)....... 123 —

de Strasbourg à Hombourg (Bavière), par Deux-Ponts, de (34 + 58 + 23). 115 —

c'est-à-dire, que le tracé de Haguenau permet de faire communiquer Strasbourg, le
Haut-Rhin et la Suisse avec le bassin houiller, par trois points différents, en réalisant
sur celui de Sarrebourg, qui ne communique avec ce bassin que par Cocheren, les diminutions de parcours suivantes :

Jusqu'à Cocheren   (houillères françaises)........................ 5 kilom.

Jusqu'à Sarrebruck (houillères prussiennes)...................... 24 —

Jusqu'à Hombourg (houillères bavaroises) .... 32 —

Pour Bischwiller et Niederbronn, qui sont deux des centres industriels les plus importants du Bas-Rhin, les diminutions de parcours sont plus considérables encore; elles
sont, savoir :

Pour Bischwiller.... { de 38 kilom. jusqu'à Cocheren.
{ de 57 — jusqu'à Sarrebruck.
{ de 65 — jusqu'à Hombourg (Bavière).

Pour Niederbronn... { de 92 kilom. jusqu'à Cocheren.
{ de 111 — jusqu'à Sarrebruck.
{ de 119 — jusqu'à Hombourg (Bavière).

Toutes ces conditions assurent au chemin de Haguenau un trafic considérable en
houille, bois et produits industriels, et comme il suit la direction que prenaient autrefois les grandes messageries, entre Metz et Strasbourg, par Sarreguemines, Bitche et
les *bains de Niederbronn*, il aura également un grand mouvement de voyageurs.

C'est le cas de faire remarquer ici que la circulation sur ce chemin sera encore
augmentée par cette circonstance que, prolongé de Sarreguemines à Sarrebruck, il se trouvera lié au chemin de Sarrebruck à Trèves, actuellement en construction, c'est-à-dire,
qu'il formera une ligne directe de Strasbourg à Trèves et à Aix-la-Chapelle.

Il a donc encore sous ce rapport un intérêt tout particulier pour l'Alsace, et cet
intérêt s'étend au duché de Bade et à la Suisse, qui aussi seront rattachés, par la même
voie, d'une manière bien plus directe que par le chemin du Palatinat, à Sarrebruck,
Trèves, Aix-la-Chapelle, Luxembourg et à la Belgique, en même temps qu'au bassin
houiller de France, de Prusse et de Bavière.

Enfin le chemin de Cocheren à Haguenau, si utile aux localités qu'il traverse et aux pays voisins, présente, au point de vue international l'avantage important de pouvoir être prolongé vers le Rhin et Carlsruhe, et faire ainsi, en continuation des lignes du Nord et des Ardennes, partie de la communication la plus directe de l'Angleterre avec l'Allemagne *par la France.*

L'Ingénieur en chef de la Moselle ne peut examiner ici, eu égard aux intérêts français et badois en présence dans cette question, quel sera le point le plus convenable pour le passage du Rhin, et il se borne à dire que le tracé pourra suivre l'une des combinaisons ci-après ou toute autre intermédiaire :

1º Partir d'un point à déterminer entre Niederbronn et Haguenau, emprunter une partie du chemin de Haguenau à Wissembourg, passer le Rhin près de Lauterbourg et arriver directement à la gare de Carlsruhe;

2º Partir de Haguenau, passer le Rhin entre Fort-Louis et Beinheim, et se diriger sur le territoire badois, vers Rastadt;

3º Partir de Bischwiller, passer le Rhin aux environs de Drusenheim et aboutir à la station badoise d'Oos, au droit de Baden.

Voici, pour chacun de ces tracés, les distances correspondantes de Cocheren à Carlsruhe :

1º Cocheren à Niederbronn	73^{kilom.}	
Niederbronn au Rhin, par Lauterbourg, *dont 32 kilomètres à construire en France*	56	146^{kilom.}
Du Rhin à Carlsruhe : *17 kilomètres à construire dans le Grand-Duché*	17	
2º Cocheren à Haguenau	92	
Haguenau au Rhin, en aval de Fort-Louis: *25 kilomètres à construire en France*	25	
Du Rhin à Rastadt : *9 kilomètres à construire dans le Grand-Duché*	9	150
Rastadt à Carlsruhe, par le chemin actuel	24	
3º Cocheren à Bischwiller (92 + 8)	100	
Bischwiller au Rhin, près Drusenheim: *13 kilomètres à construire en France*	13	
Du Rhin à Oos : *13 kilomètres à construire dans le Grand-Duché*	13	161
Oos à Carlsruhe, par le chemin actuel	35	

D'une autre part, la distance de Cocheren à Carlsruhe, par Sarrebourg et Strasbourg, est de 215 kilomètres, savoir :

Cocheren à Sarrebourg . . . . 60kilom.
Sarrebourg à Strasbourg 71
Strasbourg au Rhin 5   } 215kilom.
Du Rhin à Kehl 2
Kehl à Carlsruhe, par le chemin actuel 77

En comparant cette distance à la distance intermédiaire ci-dessus, par Haguenau et Rastadt, qui est de 150

on voit que celle-ci est inférieure à celle de Sarrebourg et Strasbourg de. 65

c'est-à-dire, que le tracé de Cocheren à Haguenau permet de réduire de 65 kilomètres la communication internationale de Calais en Allemagne.

On reconnaîtra que cette réduction a une grande importance en examinant l'extrait, de la carte de l'Europe centrale jointe au présent rapport, où sont tracés les chemins étrangers et où l'on a teinté par une ligne rouge la communication directe qui relie Londres et les ports de Calais et Dunkerque au Rhin, à Carlsruhe et Bruchsal, et de là à Munich, Vienne et au Danube.

Il est clair en effet, que ce n'est que par des diminutions de parcours que l'on peut appeler en France le mouvement de transit entre l'Angleterre et l'Allemagne, qui se fait et continuera de se faire par les ports d'Ostende et d'Anvers, et par les chemins de la Belgique et des provinces rhénanes, si les tracés en France ne sont pas plus avantageux.

La réduction de plus de 60 kilomètres que permet de réaliser le tracé de Haguenau est donc éminemment favorable aux intérêts français.

C'est en vain que l'on espérerait construire, à partir de Strasbourg, une voie plus directe vers l'Allemagne que celle de Carlsruhe : ainsi l'on a parlé d'un tracé qui remonterait la vallée de la Kinzig, par Offembourg, et franchirait la Forêt-Noire pour descendre ensuite la vallée du Danube jusqu'à Ulm. — Ce tracé, le seul qui soit abordable en face de Strasbourg, et encore avec d'énormes difficultés, serait, entre Strasbourg et Ulm, aussi développé que le chemin actuel de Carlsruhe et Stuttgart, il donnerait lieu à d'excessives dépenses, pour, en définitive, abandonner les deux capitales du duché de Bade et du royaume de Wurtemberg, sans avantage dans les longueurs; il n'y a là rien de probable et, l'on peut dire, rien de sérieux.

Il est donc certain que le passage par Strasbourg ne permettra jamais d'établir une ligne directe entre les ports français du nord et l'Allemagne, et que pour obtenir cette communication, il faudra construire en aval de Strasbourg, entre Drusenheim et la frontière, près de Lauterbourg, un pont sur le Rhin, auquel viendra aboutir le prolongement du chemin des Ardennes, par Sarreguemines et Niederbronn. L'exécution de ce travail peut ne point paraître prochaine aujourd'hui, mais il est essentiel de réserver à l'avenir la possibilité de créer une voie aussi utile à l'intérêt national, et c'est l'un des motifs principaux qui doivent faire préférer le tracé de Cocheren à Haguenau à celui de Cocheren à Sarrebourg.

Comparaison des diverses voies projetées au point de vue des dépenses de construction et des prix de transport de la houille par chacune d'elles.

On a vu dans le cours de ce rapport que les dépenses relatives à l'établissement des diverses voies projetées sont estimées ainsi qu'il suit, dans leur ensemble :

Le système demandé dans le département de la Moselle comprend d'abord le chemin de Cocheren à Haguenau, évalué à.................................. 21 000 000 f.

puis le canal des houillères, ci..................................... 10 000 000
Ensemble... .... 31 000 000

Le système demandé dans le département de la Meurthe et appuyé par la Chambre de Commerce de Strasbourg, se borne d'abord au chemin de Cocheren à Sarrebourg, ci .... 14 000 000 f.

Mais l'on reconnaît dès à présent la nécessité d'exécuter deux embranchements dirigés, l'un de la ligne de Cocheren sur Sarreguemines, l'autre de Haguenau sur Niederbronn, et dont les dépenses ont été évaluées à.. 7 000 000
Ensemble............... 21 000 000

Ainsi, il y aurait parité de dépenses *pour les voies de fer* dans les deux combinaisons, et *sous ce rapport* aucune d'elles n'aurait d'avantage sur l'autre, quant à présent; mais pour l'avenir les conséquences sont bien différentes.

Il faut, en effet, reconnaître que les deux embranchements en sens opposés de Sarreguemines et de Niederbronn, seront comme les pierres d'attente de la ligne entière de Cocheren à Haguenau, et que la lacune qui les séparera ne tardera pas à être comblée, tant à cause des besoins des industries locales et des populations, qu'en raison de l'extrême utilité de rattacher l'Alsace au bassin houiller, par Deux-Ponts, ville où aboutit déjà, comme une autre pierre d'attente, un embranchement sans issue actuelle. On finira donc par exécuter les deux chemins de fer et dépenser la somme de leurs deux évaluations montant à (14+21 millions)............................... 35 000 000ᶠ

D'où il résulte que le système du chemin de Sarrebourg exigera une dépense immédiate de 14 millions à porter prochainement à 21 millions, puis ultérieurement à 35 millions, pour avoir, en définitive, entre Cocheren et Strasbourg, deux chemins en concurrence l'un avec l'autre, et pour renoncer à toujours au canal des houillères.

Le système du chemin de Haguenau exigera une dépense immédiate de 21 millions qui sera portée ultérieurement, par l'exécution du canal des houillères à 31 millions, c'est-à-dire, qu'en dépensant 4 millions de moins que par l'autre système, on créera une section importante d'une grande ligne internationale, on dotera d'un chemin de fer une contrée éminemment industrielle qui en est dépourvue, et l'on construira le canal des houillères si instamment réclamé par tous les départements de l'Est, et qui desservira la vallée française de la Sarre plus utilement que le chemin de Cocheren à Sarrebourg.

Ainsi, même au point de vue des dépenses, envisagées dans leur ensemble, la combinaison du prolongement du chemin de fer des Ardennes vers Haguenau est préférable au prolongement vers Sarrebourg.

Quant à l'économie du transport des houilles par le canal des houillères et par les canaux de la Marne au Rhin et du Rhône au Rhin, il ne paraît pas contestable que ces grandes voies navigables amèneront une énorme économie sur les prix de transports effectués par des chemins de fer parallèles à leur direction. Mais ces économies ont été très-diversement appréciées, et l'Ingénieur en chef croit utile de préciser quelques chiffres qu'il présente ci-après dans un tableau de distances et de prix, en prenant pour point de départ ce qui se passe aujourd'hui.

Le fret de la houille est descendu en 1857, sur le canal du Rhône et du Rhin, à 2 centimes par tonne et par kilomètre, et ce chiffre comprend $\frac{1}{2}$ centime pour droit de navigation, établi par le décret du 23 mai 1850.

Sur le canal de la Marne au Rhin, où il n'y a pas de droit de navigation, le fret est descendu, en 1857, au-dessous de 2 centimes.

On admettra, pour l'établissement des prix du tableau, ce chiffre de 2 centimes sur les deux canaux, c'est-à-dire, que l'on comptera, pour l'un et l'autre, $\frac{1}{2}$ centime de droit de navigation, et avec la certitude que dans l'avenir le fret simple de 1 centime $\frac{1}{2}$ sera, comme sur les canaux du Nord, encore diminué.

Quant au prix de transport sur le canal des houillères, il dépendra du mode d'exécution de ce canal. S'il est construit par l'État, on n'aurait à compter en tout que 2 centimes comme sur les deux autres canaux; mais s'il l'est par voie de concession, on pense qu'il faut porter le fret à 3 centimes $\frac{1}{2}$, dont 2 centimes de droit de péage[1]. Cette base de 3 centimes $\frac{1}{2}$ fait monter le prix du transport de la tonne de houille de Sarre-

---

[1] En admettant un tonnage annuel de 350 000 tonnes sur le canal des houillères, chiffre que l'on ne doit pas considérer comme fort élevé, en égard à la progression toujours croissante de la consommation de la houille, le droit de 2 centimes produirait 7 000 fr. par kilomètre, c'est-à-dire, un revenu de 7 p. % sur la dépense évaluée à 100 000 fr. par kilomètre du canal des houillères, et ce revenu doit paraître suffisant pour l'intérêt et l'amortissement du capital et pour l'entretien du canal.

bruck, sur 81 kilomètres, jusqu'au canal de la Marne au Rhin à Gondrexange, à 2 fr. 84 c., et en y ajoutant ensuite 2 centimes par kilomètre, on arrive à établir les prix portés dans la colonne 9 du tableau suivant, pour les ports principaux des canaux jusqu'à Mulhouse et jusqu'à Vitry-le-François.

Le même tableau comprend (colonne 6) les prix de transports actuels de Sarrebruck jusqu'aux mêmes points; ils ont été établis en ajoutant, pour les 10 kilomètres de Sarrebruck à Forbach, 60 centimes aux prix que la Compagnie de l'Est perçoit aujourd'hui, à partir de Forbach, d'après un tarif arrêté en novembre 1857.

On remarquera à cette occasion que les bases de ce tarif, qui constituent déjà une grande réduction consentie par la Compagnie de l'Est, sont les suivantes :

6 centimes par tonne et par kilomètre, jusqu'à................ 150 kilomètres

5 centimes   —   —   de............. 200 à 250   id.

4 centimes   —   —   au delà de............. 300   id.

Enfin, pour le calcul des prix de transport par les chemins de fer de Haguenau et de Sarrebourg (colonnes 7 et 8), on a admis le tarif uniforme de 5 centimes.

LIEUX de DESTINATION. (1.)	DISTANCES COMPTÉES DEPUIS SARREBRUCK				PRIX DU TRANSPORT DE LA TONNE DE HOUILLE DEPUIS SARREBRUCK			
	par le chemin de fer actuel de Frouard. (2.)	par le chemin projeté de Sarreguemines à Haguenau (3.)	par le chemin projeté de Cocheren à Sarrebourg. (4.)	par les canaux des houillères, de la Marne au Rhin, etc. (5.)	Prix actuels (par Frouard). — Tarif, 0,01 0,05 0,06 (6.)	par le chemin de Sarreguemines à Haguenau — Tarif, 0,05 (7.)	par le chemin de Cocheren à Sarrebourg. — Tarif, 0,05 (8.)	par les canaux. — Tarif, 0,035 sur 81 kilom. 0,02 sur le reste. (9.)
	kil.	kil.	kil.	kil.	F. c.	F. c.	F. c.	F. c.
Mulhouse	592	252	256	263	Tar., 0,04 — 16 05	11 60	12 80	6 48
Strasbourg	283	125	147	165	Tar., 0,05 — 14 25	6 15	7 35	4 48
Vendenheim (embranchement de Wissembourg)	274	114	138	154	13 40	5 70	6 90	4 50
Bischwiller	291	97	154	»	13 40	4 85	7 70	»
Haguenau	298	89	162	»	13 40	4 45	8 10	»
Wissembourg	321	123	196	»	Tar., 0,04 — 13 40	6 15	9 80	»
Niederbronn (à 19 kilomètres de Haguenau)	»	70	181	»	»	5 50	9 05	»
Saverne	240	148	103	122	Tar., 0,05 — 12 05	7 40	5 15	5 66
Hesse (à 6 kil. de Sarrebourg)	»	»	»	93	»	»	»	5 08
Sarrebourg	213	178	76	»	10 75	8 75	5 80	»
Héming	203	188	85	85	10 35	9 40	4 25	2 92
Dieuze	»	(A partir de Héming, vers Lunéville, le chemin actuel par Frouard est plus court.)	73	80	»	»	5 65	2 80
Gondrexange (embranchement du canal des houillères, point kilométrique n° 253 du canal de la Marne au Rhin)	»		»	81	»	»	»	2 84
Einville	»		»	120	»	»	»	3 62
Lunéville (à 10 kilomètres du canal, à Einville, par axe)	167		123	»	9 50	»	6 15	»
Blainville (embranch. d'Epinal, à 10 kilom. de Varangéville, par le chemin de fer)	157	»	132	»	Tar., 0,06 — 9 50	»	6 60	5 15 *
Varangéville	147	»	142	154	8 80	»	7 10	5 90
Nancy	134	»	(A partir de Varangéville, vers Nancy, le chemin actuel par Frouard est plus court.)	147	8 05	»	p. Frouard Tar., 0,05 — 6 70	4 16
Frouard	126	»		157	7 55	»	6 50	4 50
Toul	149	»		179	9 05	»	7 45	4 80
Pagney	160	»		195	9 70	»	8 »	5 08
Bar-le-Duc	213	»		265	Tar., 0,05 — 10 80	»	10 80	6 48
Sermaize	257	»		285	11 95	»	11 95	6 92
Vitry-le-François	265	»		514	13 25	»	13 25	7 50

NOTA. On établirait un tableau semblable pour les distances et les prix depuis Cocheren au lieu de Sarrebruck, vers les mêmes destinations, en retranchant ou ajoutant dans chaque colonne, uniformément, les chiffres suivants:

— 16	+ 5	— 16	+ 5	—0 90	-0 15	—0 20	+0 40

* Ce prix de 5 fr. 15 c. pour Blainville est établi en ajoutant au prix de transport de 3 fr. 90 c., par le canal jusqu'à Varangéville, 1 fr. 25 c., dont 75 c. pour transbordement, et 50 c. pour transport, sur 10 kilomètres de chemin de fer, de Varangéville à Blainville.

— 100 —

L'examen de ce tableau fait ressortir la supériorité du chemin de Haguenau sur celui de Sarrebourg, pour le prix de la houille en Alsace ; l'économie est en effet de 1 fr. 20 c., à Strasbourg et dans le Haut-Rhin; à Bischwiller, elle est de 2 fr. 85 c.; à Haguenau et à Wissembourg, de 3 fr. 65 c.; et à Niederbronn, de 5 fr. 55 c.

Ces chiffres seront même augmentés d'environ 0f,40 si l'on arrive aux houillères par Deux-Ponts et non par Sarrebruck. Aussi l'on ne peut se rendre compte de l'opposition de la Chambre de Commerce de Strasbourg au tracé de Haguenau, que par la crainte qu'elle peut avoir de favoriser ultérieurement la construction d'un pont sur le Rhin, en France, ailleurs qu'à Strasbourg.

A Saverne, le chemin de Haguenau donne encore 4f,65 d'économie sur le prix du transport de la houille par le chemin actuel, mais là cette économie est dépassée de 2f,25 par le chemin de Sarrebourg, et ce dernier conserve ensuite son avantage jusqu'à Varangéville; au delà de Varangéville, vers Nancy et Vitry, c'est le chemin actuel, par Frouard, qui devient le plus court et le plus économique, à partir de Sarrebruck.

Quant à l'économie assurée par les canaux, elle est bien plus grande encore que par les chemins de fer, comme on le voit par le résumé ci-après :

	PRIX DU TRANSPORT DE LA TONNE DE HOUILLE DEPUIS SARREBRUCK.			ÉCONOMIE A OBTENIR SUR LES PRIX ACTUELS	
	Prix actuels par Frouard.	Prix par les chemins de fer les plus avantageux en chaque point, avec un tarif de 0,05.	Prix par les canaux. (Tarif de 0f,035 et 0f,02.)	par les chemins de fer. (Tarif 0f,05.)	par les canaux. (Tarif 0f,035 et 0f,02.)
	F. C.	F. C.	F. C.	F. C.	F. C.
A Mulhouse	16 05	*Par Haguenau..* 11 60	6 48	4 45 ou 28 p. %	9 57 ou 60 p. %
A Strasbourg	14 25	6 15	4 48	8 10 — 57 p. %	9 77 — 69 p. %
A Vendenheim	13 40	5 70	4 50	7 70 — 57 p. %	9 10 — 68 p. %
A Saverne	12 05	5 15	5 66	6 90 — 57 p. %	8 59 — 70 p. %
A Héming (à 8 kilomètres de Sarrebourg)	10 55	*Par Sarrebourg.* 4 25	2 92	6 10 — 60 p. %	7 45 — 74 p. %
A Blainville (embranc. d'Epinal, à 10 kilom. de Varangéville)	9 50	6 60	3 15	2 90 — 51 p. %	4 55 — 46 p. %
A Nancy	8 05	*Par Frouard...* 6 70	4 56	1 55 — 17 p. %	5 89 — 49 p. %
A Bar-le-Duc	10 80	10 80	6 48	» » — » p. %	4 22 — 42 p. %
A Vitry-le-François	15 25	15 25	7 50	» » — » p. %	3 65 — 43 p. %
Moyennes approximatives entre Mulhouse et Vitry	11 96	7 80	5 04	4 17	6 95
Soit	12 »	8 »	5 »	4 » ou 54 p. %	7 » ou 58 p. %

Ainsi, même en supposant chaque point desservi par le chemin de fer dont le tracé lui est le plus favorable, ce qui ne pourrait arriver que par l'exécution simultanée des deux chemins de Hagnenau et de Sarrebourg, et en admettant un tarif réduit à 0f,05, ce qui n'a guère lieu aujourd'hui que pour les parcours de plus de 200 kilomètres, le canal des houillères et les canaux actuels transporteront partout la houille à meilleur compte que ces chemins.

Le résumé final du tableau ci-dessus montre que le prix moyen du transport d'une tonne de houille de Sarrebruck sur les différents points des canaux compris entre Mulhouse et Vitry-le-François, est actuellement par le chemin de Frouard, en nombre rond de... 12f,00

par les chemins de fer de Haguenau, de Sarrebourg et de Frouard, les plus avantageux à chaque point, il serait encore d'environ.................... 8f,00

et par les canaux, il ne serait que de.... .... 5f,00

L'économie moyenne procurée par les chemins projetés sur les prix actuels, ne serait donc que de.. 4f ou 34 p. %

quand les canaux procureraient sur les mêmes prix actuels une économie moyenne de.. 7f ou 58 p. %

En d'autres termes encore, le prix moyen de 5f,00 sur les canaux, comparé au prix moyen de 8f,00 sur les chemins de fer projetés, réaliserait sur ce dernier une économie de... 3f ou 37 p. %

Ces chiffres démontrent surabondamment que le canal des houillères est la seule voie qui puisse assurer le bon marché de la houille dans les départements aujourd'hui desservis par les canaux de la Marne au Rhin et du Rhône au Rhin, et justifient les demandes incessantes de ces départements, pour obtenir l'exécution de ce canal.

L'on n'examine pas ici la conséquence du système mixte, qui consisterait à transporter la houille par chemin de fer jusqu'à Sarrebourg, puis par les canaux vers Mulhouse et vers Nancy, il en résulterait sans doute des économies comprises entre les combinaisons ci-dessus; mais ce système aurait peu d'application, car il est dans la nature des choses que chaque voie cherche à conserver ses transports, et l'on peut en juger aujourd'hui par ce qui se passe à Frouard où le canal ne reçoit du chemin de fer qu'une faible quantité de houille, malgré la grande longueur de parcours par eau jusqu'à Mulhouse, quand la très-grande partie reste sur la voie de fer.

Il est clair que pour laisser à la voie navigable toute son efficacité, il faut qu'elle soit continue et indépendante depuis les chemins même des mines; et le canal de la Marne au Rhin, cette grande artère de l'Est de la France, n'aura de vie et ne remplira réellement son utile destination que par l'exécution du canal des houillères.

Une observation est à présenter ici en réponse au motif déduit, par les adversaires du canal des houillères, de la découverte des gisements du département de la Moselle, pour préférer à ce canal qui aboutit à l'exploitation prussienne à Sarrebruck, le chemin de Sarrebourg qui part de Cocheren, point contigu au bassin houiller français. Cette circonstance est vraie, mais il ne faut pas en exagérer l'importance, attendu qu'il n'en résulte qu'une différence minime d'environ $0^f,40$ au préjudice des exploitations françaises, pour les houilles chargées en bateau à Sarreguemines [1]; cette différence est plus que couverte par le droit de douanes de $1^f,10$; et, de tout autre côté, les houillères françaises sont protégées, non-seulement par ce droit de douanes, mais en outre par l'avantage des distances vers Thionville et les Ardennes, vers Metz et Frouard, et c'est surtout de ces côtés qu'est leur débouché naturel.

Il importe, du reste, de remarquer que les exploitations françaises, dont le succès n'est heureusement pas douteux, ne pourront cependant pas suffire aux besoins de la consommation qui, en 1857, a été de 850 000 tonnes en houille et coke, et qui augmente chaque année dans une énorme proportion, ainsi qu'on le verra plus loin. Le mouvement progressif est tellement grand, qu'aujourd'hui même la production prussienne n'arrive pas à temps pour répondre aux demandes, et que dans l'avenir, tout en absorbant complétement les houilles de la production française, notre industrie continuera à tirer du bassin de Sarrebruck la plus grande partie du combustible minéral qui lui est nécessaire. Cela est vrai, notamment pour le coke, dont l'importation en 1857 s'est élevée à 210 000 tonnes et qui, eu égard à la quantité double de houille d'où il provient, répond déjà à 420 000 tonnes, ou les $\frac{2}{5}$ de la production prussienne destinée aujourd'hui à la France. Rien ne permet encore d'espérer que l'on trouvera des houilles à coke dans le bassin français, quand la partie contiguë du bassin prussien n'en donne pas, et qu'on n'en connaît actuellement que sur la rive droite de la Sarre, au delà de Sarrebruck, à partir de Duttweiler, vers Neunkirchen.

La conséquence de ces observations est, que loin de chercher à abandonner les projets qui assurent, comme le canal des houillères, la communication directe avec Sarrebruck, il y a lieu d'en favoriser l'exécution, sans nuire par là à la production indigène dont les débouchés sont suffisamment assurés.

[1] Les houilles arrivant des mines françaises à Cocheren par chemin de fer, continueraient par le chemin de Haguenau jusqu'à Sarreguemines, où elles seraient chargées en bateau; il y a là un transport de 20 kilomètres, à $0^f,05$, ci . . . . $1^f,00$

Les houilles prussiennes amenées des mines par chemin de fer, seraient chargées en bateaux à Sarrebruck et transportées par eau à Sarreguemines, sur 17 kilomètres, à $0^f,035$, ci . . . . $0^f,60$

Différence . . . . $0^f,40$

L'Ingénieur en chef de la Moselle termine le présent rapport par un document statistique extrèmement intéressant qui fait ressortir toute l'utilité des nouvelles voies à mettre en communication avec les houillères, c'est le mouvement de l'importation, en France, des houilles et coke du bassin de Sarrebruck, depuis vingt-cinq ans, par les routes de terre, par la Moselle et par le chemin de fer de Forbach. Le relevé en a été fait d'après les chiffres officiels fournis par M. le Directeur des Douanes de Metz, de 1832 à 1857 inclusivement, et l'Ingénieur en chef en présente l'ensemble dans un tableau graphique, dont les espaces égaux, portés sur une ligne horizontale, figurent les années successives, et dont les hauteurs correspondantes indiquent, sur une échelle de 1 centimètre pour 100000 tonnes, le chiffre total des importations de chaque année ; ces hauteurs ou ordonnées sont fractionnées en parties répondant respectivement à chaque nature de voie de communication ; l'on a appliqué une teinte bistre sur la zone relative aux routes de terre, une teinte bleue sur la zone de la Moselle, et une teinte grise sur la zone du chemin de fer. — La seule inspection de ce tableau montre que l'importation par les routes de terre n'a pas été notablement diminuée par le fait de l'ouverture du chemin de fer ; elle reste presque stationnaire depuis 1852 ; l'importation par la Moselle s'est au contraire amoindrie d'année en année, et elle est aujourd'hui comme anéantie. Ce n'est pas ici le lieu d'entrer dans le détail des causes de cet anéantissement, qui ne tiennent pas uniquement à l'économie des transports que la voie navigable aurait, en partie, pu soutenir ; le présent relevé statistique n'a d'autre objet que de faire ressortir, par un examen d'ensemble, le développement de la consommation des houilles du bassin de Sarrebruck qui, toute considérable qu'elle paraissait avant l'ouverture du chemin de fer, n'a pris un véritable essor que par l'exploitation de cette voie nouvelle. — Il en sera ainsi des communications projetées qui, en portant rapidement et économiquement la houille dans les localités où elle n'arrive aujourd'hui que difficilement et à grands frais, donneront lieu à une nouvelle augmentation de la production houillère.

Voici, en nombres ronds, le résumé des chiffres de l'importation des houilles et coke depuis 1832 :

En 1832...................................... 46 000 tonnes.

En 1842...................................... 183 000

En 1852...................................... 269 000

(Ouverture du chemin de fer de Metz à Sarrebruck le 15 novembre 1852.)

En 1853...................................... 356 000 tonnes.

En 1854...................................... 520 000

En 1855...................................... 691 000

En 1856...................................... 750 000

En 1857 (dont 210 000 tonnes de coke), 850 000

Mouvement de l'importation des houilles et coke du bassin de Sarrebruck en 25 ans, de 1852 à 1857.

Ainsi, il a fallu vingt ans, de 1832 à 1852, pour élever l'importation des houilles de 46 000 tonnes à 269 000 tonnes, c'est-à-dire, pour une augmentation totale de 223 000 tonnes ou un accroissement moyen annuel de............ 11 000 tonnes.

Tandis que dans les cinq années qui ont suivi l'ouverture du chemin de Sarrebruck, le chiffre de l'importation s'est élevé de 269 000 tonnes à 850 000 tonnes, c'est-à-dire, s'est accru de 581 000 tonnes ou moyennement par an de... ..... 116 000 tonnes ; c'est un accroissement annuel décuple de celui de la période antérieure. Des résultats statistiques aussi bien établis, et avec une continuité presque régulière, permettent de prédire que, dans la période décennale qui finira en 1867, le chiffre de la consommation des houilles aujourd'hui importées par le département de la Moselle, sera augmenté de dix fois 116 000, ou 1 160 000 tonnes, et cette quantité ajoutée aux 850 000 tonnes de 1857 fera un total de................................... 2 000 000 tonnes.

La ligne moyenne qui représente sur le tableau graphique l'importation des cinq dernières années donne, étant prolongée jusqu'à l'ordonnée de 1867, le même résultat d'une manière rendue sensible à l'œil.

Une pareille prévision est loin d'être exagérée ; elle est fondée sur la loi continue du passé ; elle est justifiée par les besoins toujours croissants des établissements industriels qui existent, par les besoins nouveaux des établissements aujourd'hui en construction et par l'extension que donnera, à l'emploi des houilles de Sarrebruck, l'achèvement prochain des lignes de fer, au delà de Mulhouse vers Belfort, au delà d'Épinal vers Gray, au delà de Thionville vers Luxembourg et vers les Ardennes ; et si, avant 1867, l'on exécute les voies de communication en projet ou seulement l'une d'elles, soit le canal des houillères, soit la ligne de Cocheren à Haguenau et vers l'Allemagne, soit la ligne de Cocheren vers Thionville, la marche de la consommation des houilles aura à leur ouverture un accroissement brusque comme celui de 1852, lors de l'ouverture du chemin de Sarrebruck, et le chiffre indiqué de 2 000 000 de tonnes sera bien dépassé.

Il y a dans cette source de trafic de 2 millions de tonnes, et fût-elle même bien moindre, de quoi assurer des revenus considérables sur les voies nouvelles, chemins de fer et canal, tout en augmentant les produits de la seule ligne actuelle qui n'a encore reçu en 1857, à la frontière, que 724 000 tonnes, ou seulement le tiers environ de ce tonnage.

Ces considérations donnent une sécurité complète, non-seulement pour l'avenir de toutes ces voies, anciennes et projetées, mais encore pour la prospérité des houillères de France qui, en présence d'un aussi large débouché, toujours croissant, n'auront pas à souffrir de la concurrence étrangère.

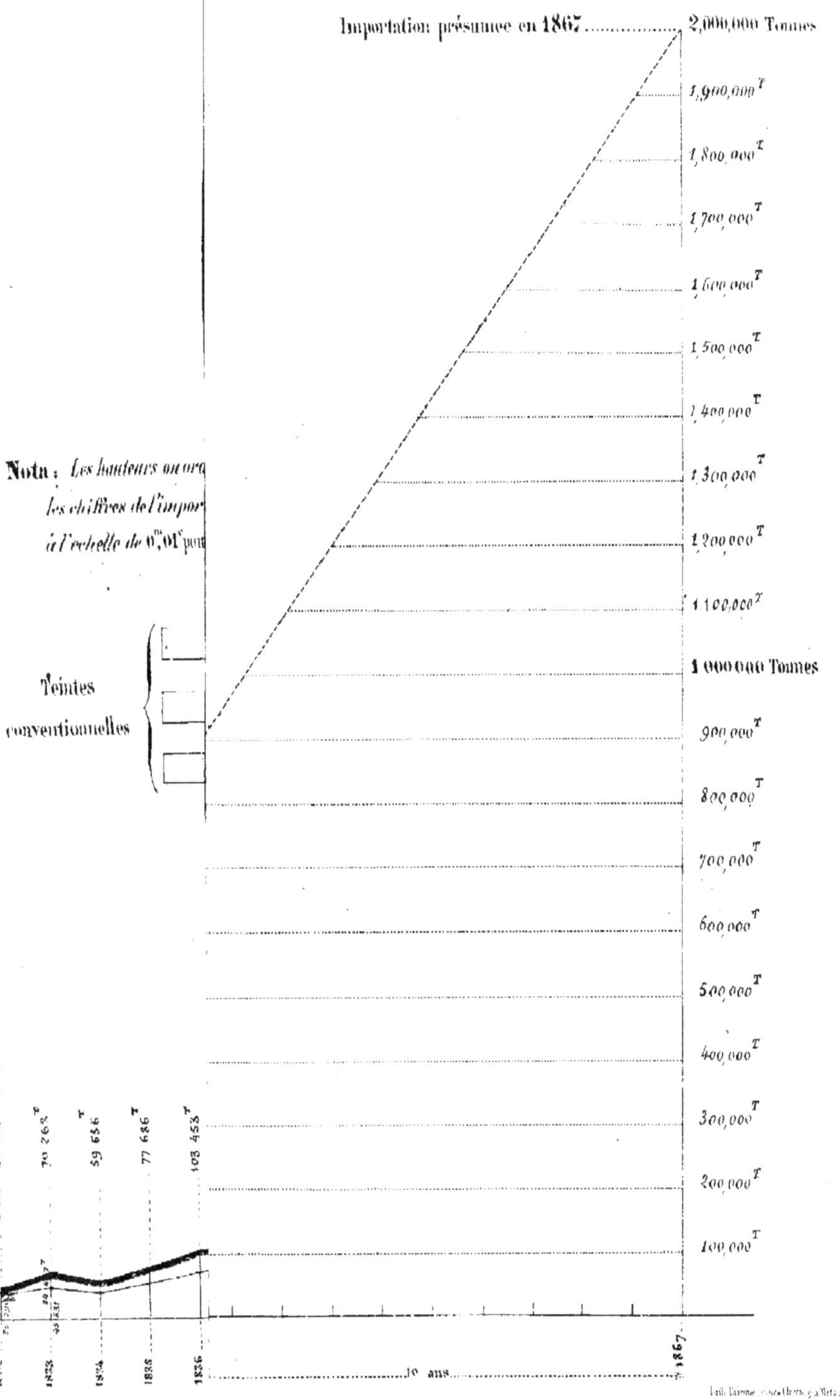

Importation présumée en 1867 .... 2,000,000 Tonnes
1,900,000 T
1,800,000 T
1,700,000 T
1,600,000 T
1,500,000 T
1,400,000 T
1,300,000 T
1,200,000 T
1,100,000 T
1 000 000 Tonnes
900,000 T
800,000 T
700,000 T
600,000 T
500,000 T
400,000 T
300,000 T
200,000 T
100,000 T
Nota : Les hauteurs ont ora
les chiffres de l'impor
à l'echelle de 0m,01 pou
Teintes conventionnelles
Total : 46 162 Tonnes
70 268 T
59 636 T
77 686 T
103 453 T
1832
1833
1834
1835
1836
1867
10 ans

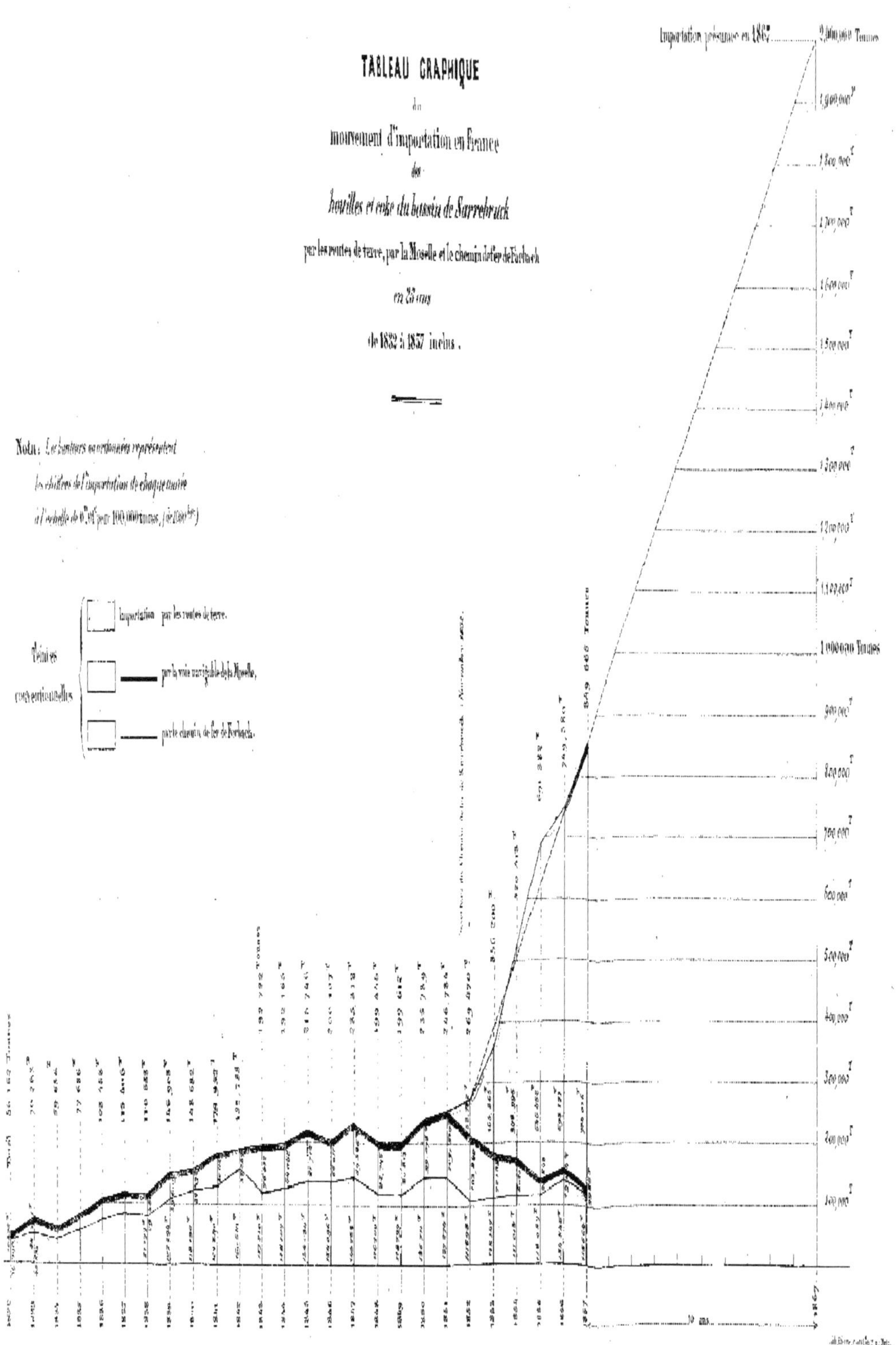

TABLEAU GRAPHIQUE
du
mouvement d'importation en France
des
houilles et coke du bassin de Sarrebruck
par les routes de terre, par la Moselle et le chemin de fer de Forbach
en 23 ans
de 1835 à 1857 inclus.

Nota: Les hauteurs en ordonnées représentent
les chiffres de l'importation de chaque année
à l'échelle de 0.3 pour 100,000 tonnes.

Importation par les routes de terre.
par la voie navigable de la Moselle.
par le chemin de fer de Forbach.
Séries conventionnelles

Importation présumée en 1867
2,000,000 Tonnes
1,900,000
1,800,000
1,700,000
1,600,000
1,500,000
1,400,000
1,300,000
1,200,000
1,100,000
1,000,000 Tonnes
900,000
800,000
700,000
600,000
500,000
400,000
300,000
200,000
100,000

Résumé et Conclusions.

L'embranchement de Dieuze à Faulquemont, exécuté isolément, ne peut être considéré que comme un chemin industriel, utile presque uniquement à Dieuze ; les enquêtes ne lui ont point reconnu le caractère d'utilité publique.

L'embranchement de Faulquemont ou Téting à Dieuze, rattaché d'un autre côté à Avricourt ou Emberménil, réunirait économiquement la ligne de Forbach à celle de Strasbourg, mais cette jonction ne desservirait que des intérêts locaux et ne serait qu'un chemin détourné entre les houillères et l'Alsace ; les enquêtes l'ont également rejetée.

La voie la plus économique pour approvisionner en houille, Dieuze et tous les départements de l'Est, desservis par les canaux de la Marne au Rhin et du Rhône au Rhin, est le canal dit *des houillères de la Sarre*, avec une branche dirigée sur Dieuze par l'ancien canal des salines. Les Conseils généraux des départements qui, depuis un grand nombre d'années ont réclamé l'exécution du canal des houillères, ont, à l'exception de celui de la Meurthe, renouvelé le même vœu en 1857. La longueur de ce canal serait, depuis Sarrebruck jusqu'au canal de la Marne au Rhin, à Gondrexange, de 81 kilomètres, et l'embranchement sur Dieuze aurait 19 kilomètres. Les dépenses sont estimées en tout à . . . . 10 millions.

Le chemin de Cocheren à Sarrebourg, avec embranchement sur Dieuze, est réclamé par le Conseil général de la Meurthe, par la Chambre de Commerce de Nancy et appuyé par la Chambre de Commerce de Strasbourg. Le chemin principal a une longueur de 60 kilomètres et l'embranchement 19 kilomètres, ensemble 79 kilomètres, estimés à . . . . 14 millions.

Le chemin de Cocheren à Haguenau, par Sarreguemines, Bitche et Niederbronn, est réclamé, au contraire, par les Commissions d'enquête et le Conseil général de la Moselle, et par la Chambre de Commerce de Metz. La longueur est de 92 kilomètres et les dépenses sont estimées à . . . . 21 millions.

14

Dans le parallèle de ces chemins de fer, on reconnaît que les intérêts locaux et industriels, agglomérés sur le tracé de Cocheren à Haguenau, sont infiniment plus considérables que sur celui de Cocheren à Sarrebourg, qui ne dessert bien que Puttelange.

Ce dernier chemin procurerait, il est vrai, une notable diminution de prix pour le transport des houilles sur tout son parcours, ainsi qu'à Dieuze et dans les parties des départements de la Meurthe et du Bas-Rhin comprises entre Varangéville et la limite opposée de l'arrondissement de Saverne. Mais le canal des houillères amènerait dans les mêmes points une diminution de prix plus grande encore. Ce canal remplacerait donc avantageusement le chemin de fer entre Cocheren et Sarrebourg, où le mouvement local des voyageurs a peu d'importance.

Il faut remarquer d'ailleurs que les localités comprises entre Varangéville et Saverne, si elles ne reçoivent aujourd'hui la houille que par un long détour, la reçoivent cependant par voie de fer et à prix réduits; elles sont traversées à la fois par le canal de la Marne au Rhin et par la ligne principale de Paris à Strasbourg, et elles touchent à la ligne d'Épinal et de Gray; elles sont donc déjà favorisées, autant que possible, pour le transport de leurs matières premières autres que la houille, et pour celui de leurs produits manufacturés et de leurs voyageurs, tant vers Paris que vers Strasbourg, que vers le Midi.

Le chemin de Cocheren à Haguenau est dans des conditions tout autres, il passe dans l'une des contrées les plus industrielles de la France, qui n'a pour elle l'avenir d'aucune voie navigable, qui n'est traversée par aucune voie de fer, qui ne reçoit la houille et ne peut expédier ses produits que par voitures. La question du chemin de fer projeté est, pour elle, une question d'existence de son industrie et du maintien de sa population.

Ce chemin, si essentiel au département de la Moselle, ne l'est pas moins au département du Bas-Rhin, où il commence par desservir Niederbronn et Bischwiller, les deux centres industriels les plus considérables de ce département.

La distance de Strasbourg à Cocheren, par Sarrebourg, est de........ 131 kilom.
et par Haguenau de .... 126 —

c'est-à-dire, qu'il y a presque égalité; cependant la différence des distances
est en faveur du tracé par Haguenau : la diminution est de............. 5 kilom.

Mais ce n'est pas là l'essentiel; la carte jointe au présent rapport montre comment, par des embranchements très-courts dirigés sur Sarrebruck et sur Deux-Ponts, et à exécuter presque entièrement sur les territoires étrangers, l'Alsace peut être reliée, par le chemin de Haguenau, directement au bassin houiller de la Prusse et de la Bavière, et ainsi ce tracé de Haguenau réalisera sur celui de Sarrebourg, qui ne touche au bassin houiller qu'en un seul point, les diminutions de parcours suivantes :

En faveur de Strasbourg, jusqu'à Cocheren   (houillères françaises)... 5 kilom.
     —   jusqu'à Sarrebruck (houillères prussiennes).. 24   ...
     —   jusqu'à Hombourg (houillères bavaroises)... 32 —

Les diminutions de parcours seraient :

En faveur de Bischwiller, jusqu'à Sarrebruck, de................ 57 kilom.
    —   de Niederbronn, jusqu'à Sarrebruck, de................ 111 —

Le même chemin deviendra, pour Strasbourg et pour la Suisse, enfin pour le Grand-Duché de Bade, une communication directe avec Trèves et Aix-la-Chapelle par Sarrebruck, avec Luxembourg et la Belgique par Thionville.

Enfin cette ligne de Cocheren à Haguenau peut être rattachée au Rhin et *aboutir à Carlsruhe, en offrant une diminution de parcours d'environ 65 kilomètres* sur celle de Sarrebourg et Strasbourg ; elle fait ainsi partie de la communication directe des ports de Calais et de Dunkerque avec le Rhin et *peut seule*, en concurrence avec les chemins étrangers qui aboutissent à Ostende ou à Anvers, *assurer à la France le transit entre l'Angleterre et l'Allemagne*, par Carlsruhe, Stuttgart, Munich et Vienne.

Toutes ces considérations donnent au chemin de Cocheren à Haguenau, sur celui de Cocheren à Sarrebourg, une grande supériorité, à la fois comme ligne locale et industrielle et comme ligne internationale.

Ce chemin coûtera immédiatement, pour 92 kilomètres............ 21 millions
et réserve l'exécution du canal des houillères, dont l'estimation monte à... 10 —
____
                Total..................... 31 millions.

Le chemin de Cocheren à Sarrebourg, avec embranchement sur Dieuze, pour 79 kilomètres, coûtera immédiatement.................................. 14 millions.

Tout le monde admet en outre, dès aujourd'hui, la nécessité de diriger, sur Sarreguemines et sur Niederbronn, des embranchements qui, pour 34 kilomètres, coûteraient.................................. 7 millions.
____
      Total comme pour le chemin de Cocheren à Haguenau....... 21 millions.

et il suffit d'examiner la carte pour reconnaître que, dans la nécessité de rattacher l'Alsace aux houillères et de donner satisfaction aux besoins de l'industrie et des populations de Sarreguemines à Bitche, l'on sera bientôt conduit à réunir les deux embranchements de

Sarreguemines et Niederbronn, et que l'on exécuterait, en définitive et en totalité, les deux chemins de Cocheren et de Haguenau, estimés ensemble......... 35 millions.

On dépenserait donc, dans un avenir probablement peu éloigné, 35 millions pour avoir deux chemins de fer rivaux et *pour ne pas avoir le canal des houillères*, tandis qu'avec 31 millions ou 4 millions de moins, l'on peut assurer un système bien complet, en créant, par l'exécution de l'un des chemins, une section considérable d'une grande ligne de transit en France, à travers l'une des parties les plus industrielles des départements de l'Est, et en renonçant à l'autre chemin, pour construire, à sa place, le canal des houillères.

Ce canal dessert mieux que lui les mêmes intérêts, il est le complément indispensable du canal de la Marne au Rhin, et peut seul assurer le bon marché de la houille dans tous les départements traversés ou desservis par les canaux de la Marne au Rhin et du Rhône au Rhin.

Le *prix moyen* du transport d'une tonne de houille de Sarrebruck sur les différents points compris entre Vitry-le-François et Mulhouse, est, en effet, par les chemins de fer de l'Est, en passant à Frouard, aujourd'hui de............ .... 12f,00

Les chemins de fer projetés peuvent réduire le *prix moyen* à.......... 8f,00

Et le canal des houillères avec les canaux existants, à............... 5f,00

c'est-à-dire, que les chemins de fer les plus avantageux ne donneront qu'une économie de 4 fr., quand, par les canaux, cette économie peut être de 7 fr. sur 12, prix moyen actuel.

Cette question du bas prix de la houille prend tous les jours plus d'importance, par l'accroissement de la consommation en France des houilles de Sarrebruck; l'importation qui, en 1852, avant l'ouverture du chemin de fer de Sarrebruck à Metz, n'était que de 269000 tonnes, s'est élevée, en 1857, ou cinq ans après cette ouverture, à 850000 tonnes. C'est une progression rapide et à peu près continue de plus de 110000 tonnes par an, et cette progression augmentera plutôt qu'elle ne diminuera par suite du développement des établissements industriels anciens et nouveaux, et par l'achèvement des chemins de fer qui porteront la houille de Sarrebruck sur les points où elle n'arrive aujourd'hui que difficilement.

L'on peut ainsi prévoir que dans dix ans (en 1867) le mouvement atteindra un chiffre de 2 millions de tonnes. Il donnera un large débouché à la fois aux houillères de la Moselle et à celles de l'étranger, et ce tonnage, fût-il même bien moindre, suffirait encore pour alimenter les voies existantes et les voies projetées, en assurant à toutes des revenus considérables; les canaux rempliront leur office de voie économique, et les chemins de fer auront la plus forte et large part, due à la rapidité et à la régularité de leurs services exempts de tout chômage.

En résumé, l'Ingénieur en chef de la Moselle est d'avis qu'il y a lieu :

1° De réserver l'exécution du canal dit des *Houillères* comme l'unique moyen d'amener la houille à bon marché dans les départements de l'Est, et comme la source principale de trafic du canal de la Marne au Rhin ;

2° De décider, en tous cas, que le chemin des Ardennes sera, à partir d'un point à déterminer sur l'embranchement de Thionville, prolongé vers Sarreguemines, Niederbronn et Haguenau, en traversant le bassin houiller de la Moselle, et de manière à *créer en France une communication directe entre l'Angleterre et l'Allemagne* ;

3° De comprendre dans le cahier des charges de la concession de cette ligne, l'obligation de la rattacher à la frontière vers *Sarrebruck*, vers *Deux-Ponts*, enfin *vers le Rhin et Carlsruhe*, par des embranchements ou prolongements à diriger sur les points qui seront arrêtés par le gouvernement français, de concert avec les gouvernements de *Prusse*, de *Bavière* et de *Bade*.

Metz, le 27 février 1858.

*L'Ingénieur en chef des Ponts et Chaussées
du département de la Moselle,*

C. LE JOINDRE.

TABLE.

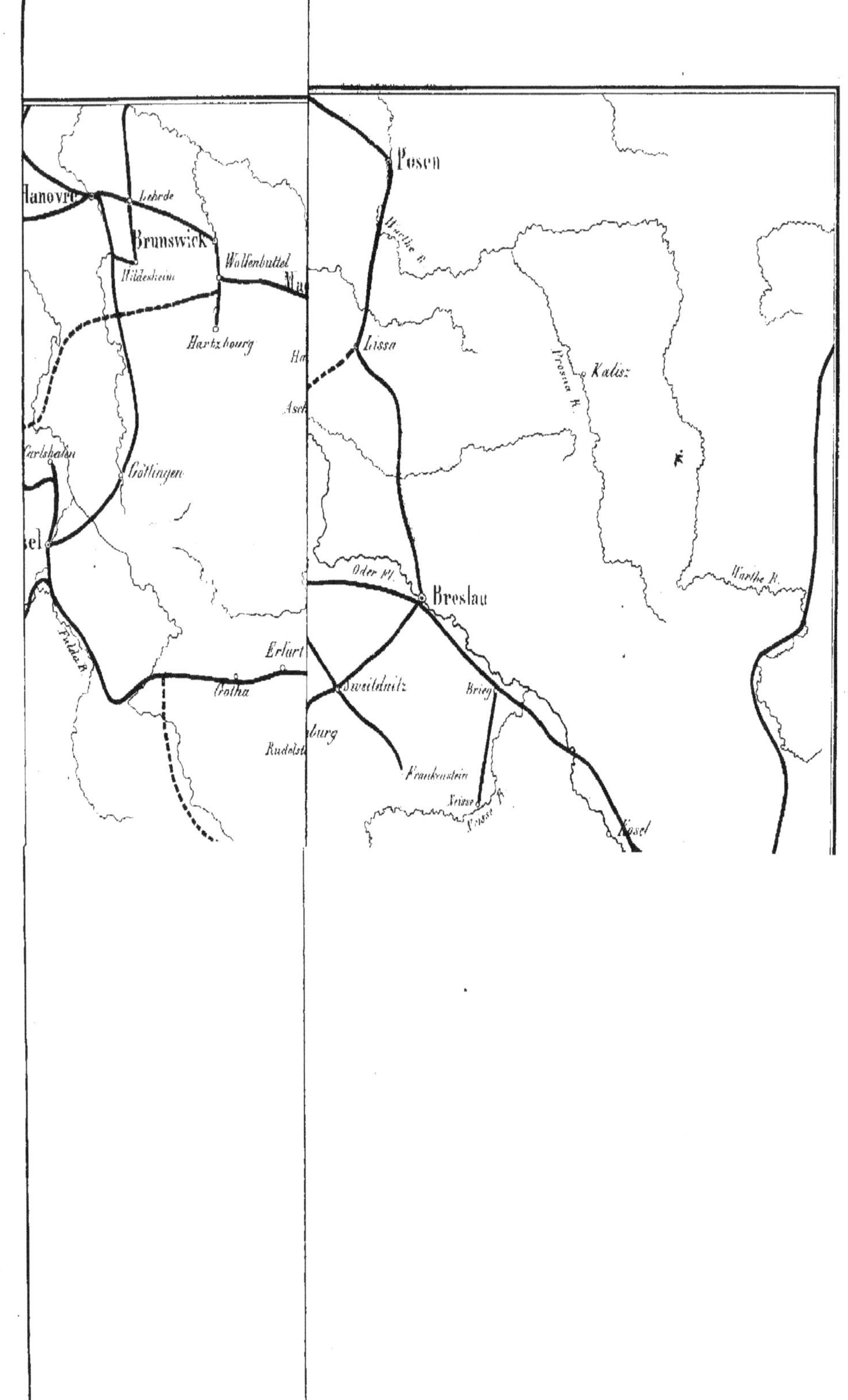

Hanover
Lehrde
Brunswick
Wolfenbuttel
Hildesheim
Hartzbourg
Carlshafen
Göttingen
sel
Fulda R.
Erfurt
Gotha
Rudolst
burg
Posen
Warthe R.
Lissa
Prosna R.
Kalisz
Oder Fl.
Breslau
Schweidnitz
Brieg
Frankenstein
Neisse
Neisse R.
Cosel
Warthe R.

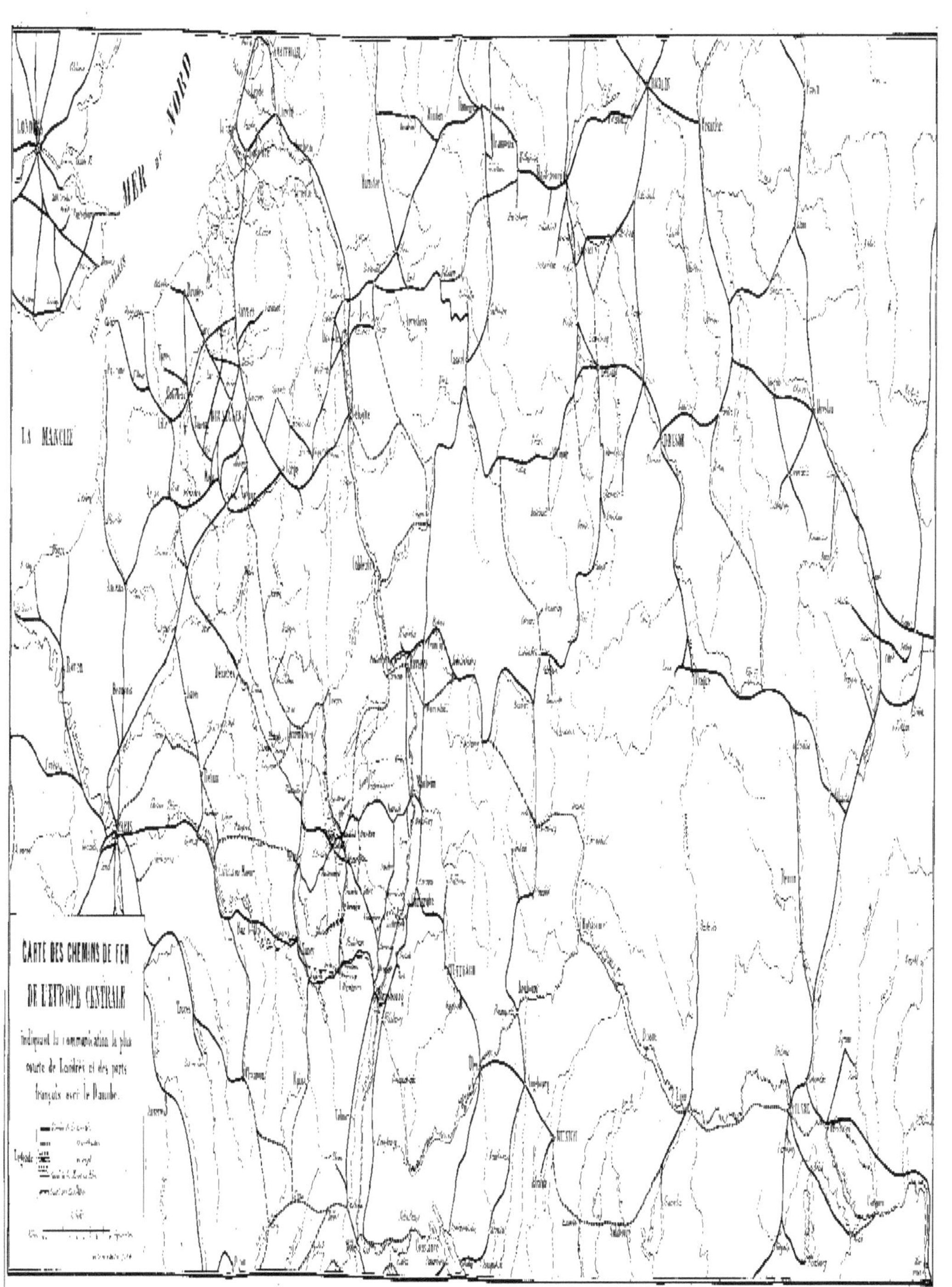

LONDRES
MER DU NORD
LA MANCHE
PAS DE CALAIS
LA MANCHE
BERLIN
DRESDE
Anvers
Rouen
Paris
CARTE DES CHEMINS DE FER
DE L'EUROPE CENTRALE
indiquant la communication la plus
courte de Londres et des ports
français avec le Danube.
Légende

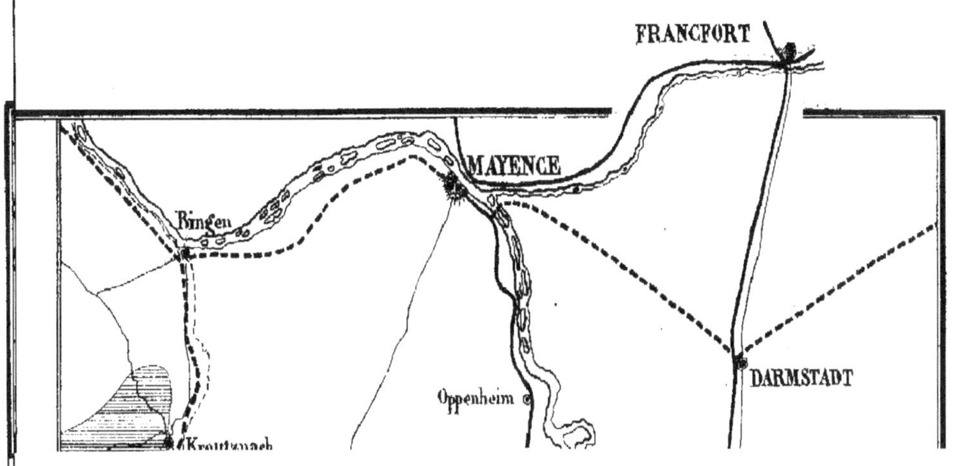

FRANCFORT
MAYENCE
Bingen
Oppenheim
DARMSTADT
Kreutznach

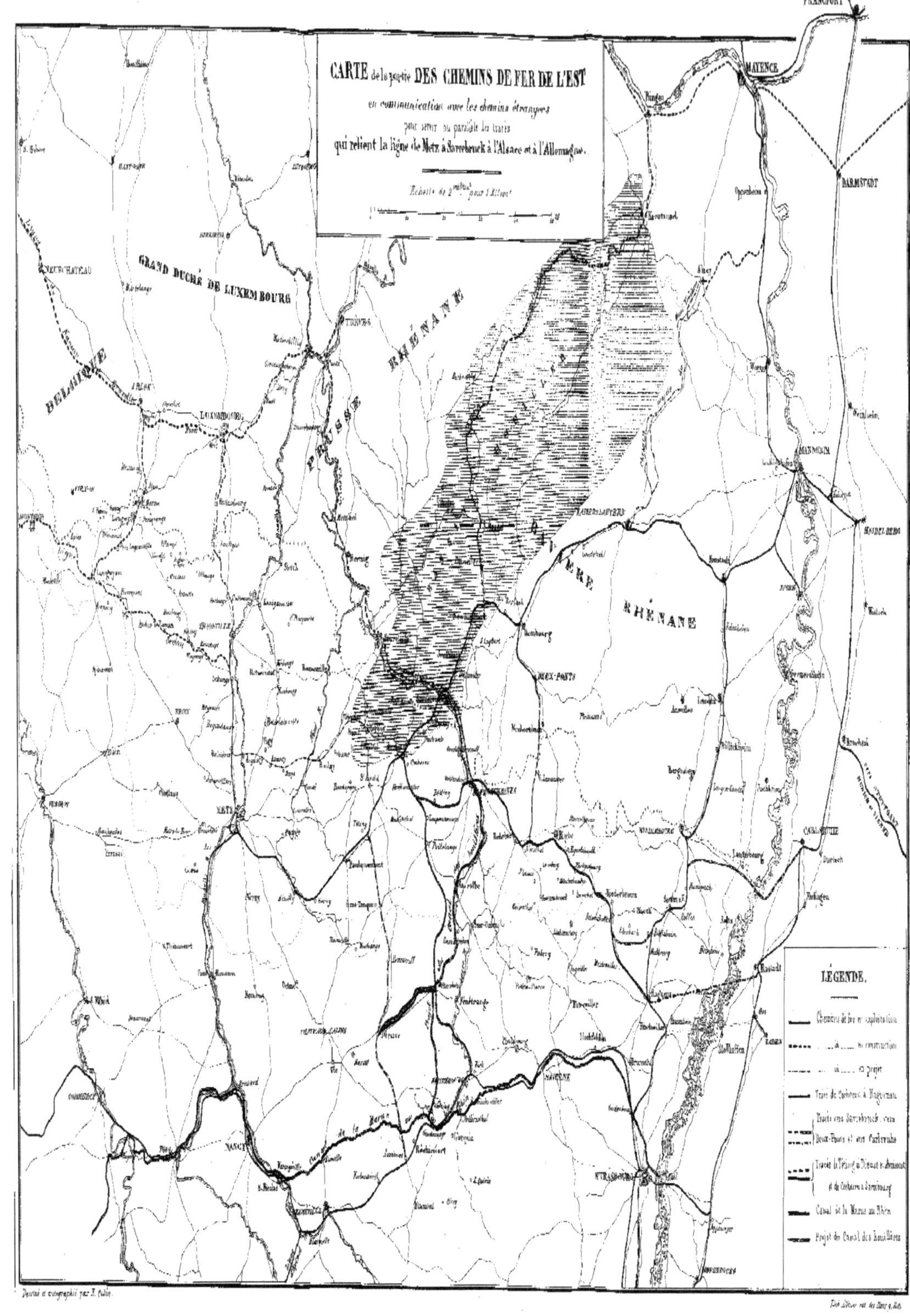

CARTE de la partie DES CHEMINS DE FER DE L'EST
en communication avec les chemins étrangers
pour servir au parallèle des tracés
qui relient la ligne de Metz à Sarrebruck à l'Alsace et à l'Allemagne.
Echelle de 2 millimètres pour 1 Kilomètre
LÉGENDE.
Chemins de fer en exploitation
— en construction
— en projet
Tracé de Carlsruhe à Haguenau
Tracés avec Sarrebruck, vers
Deux-Ponts et vers Carlsruhe
Tracés de Teting au Donon et Avricourt
et de Carlsruhe à Sarrebourg
Canal de la Marne au Rhin
Projet du Canal des Houillères
BELGIQUE
GRAND DUCHÉ DE LUXEMBOURG
PRUSSE RHÉNANE
BAVIÈRE RHÉNANE
NEUFCHATEAU
LUXEMBOURG
TRÈVES
FRANCFORT
MAYENCE
DARMSTADT
MANHEIM
HEIDELBERG
METZ
NANCY
STRASBOURG
SARREGUEMINES
DEUX-PONTS
SAVERNE
CARLSRUHE
RASTADT
Dessiné et autographié par A. Calin.